**초보자**를 위한
# **가치투자** 하는 법

초보자를 위한
# 가치투자 하는 법

박춘호 지음
주식투자연구소장

이레미디어

| 들어가는 글 |
# 주식 투자 이야기

### 딱 한 종목이면 충분하다?

평생 동안 딱 한 종목에만 투자하여 부자가 된 고교 동창이 있습니다. 이 친구는 지방에 있는 한 대학을 졸업한 후 어렵사리 평소 선망하던 신세계백화점에 취직하게 되었습니다. 너무나 기쁜 나머지 회사가 증자할 때마다 자사주를 사 모았을 뿐 아니라, 배당금과 보너스를 받으면 무조건 자사주에 투자하였습니다.

2009년 퇴직할 당시에 보니 그동안 직장에 다니면서 사 모은 신세계백화점 주식이 총 1만 주였고, 입사 초기 한 주당 1만 5,000원이었던 가격은 무려 60만 원으로 40배가 뛴 상태였습니다. 즉 시가로 60억 원어치의 주식을 소유하고 있었고, 매년 수천만 원의 배당금을 받을 수 있게 된 것입니다.

그 친구가 평생 딱 한 종목에만 투자하여 성공할 수 있었던 비결은 자신이 다니는 회사에 대한 믿음 때문이었습니다. 즉 회사의 성장 가능성과 회사가 성장할수록 주가도 따라서 함께 올라간다는 사실을 굳게 믿었습니다.

한 예로 1998년 외환위기 때 신세계의 주가가 반 토막이 났을 때도 그 친구는 보유하고 있는 주식의 평가손실에 화를 내기는커녕 오히려 매우 기뻐했습니다. 같은 금액으로 가격이 내려가기 전보다 두 배나 되는 수량의 주식을 사 모을 수 있었기 때문입니다. 시기적으로 단순히 주가가 하락한 것이지 회사의 가치가 떨어진 것이 아니라는 사실을 알고 있었습니다.

그리고 2008년 금융위기 때 또 다시 주당 77만 원이던 신세계 주가가 35만 원으로 반 토막이 났지만, 단 한 주도 팔지 않았습니다. 1998년 외환위기 때 이미 결국 시간이 지나면 주가는 본래의 가치를 찾아간다는 사실을 경험했기 때문입니다.

주식 투자의 성공 비결은 많은 것을 아는 데 있지 않습니다. 무엇보다 해당 기업의 가치를 아는 것이 핵심입니다. 주식 투자에 실패하는 이유는 그 가치를 제대로 따져보지 않고 성급하게 주식을 매매하기 때문입니다. 우리가 집을 살 때는 자녀의 학군이나 주거환경, 교통 편리성 등 여러 가지 조건을 신중하게 고려하여 상품가치를 철저히 따져보고 사지만, 주식을 살 때는 너무나 섣부르게 판단하는 경우가 적지 않습니다. 주식 매매 역시 집을 살 때와 마찬가지로 철저히 가치를 따지는 것이 필수입니다. 그러기 위해서는 가장 먼저 회사의 가치를 판단하는 방법을 배워야 합니다.

주식 투자는 이제 일부 관심 있는 사람들만의 선택 수단이 아니라 모든 사람이 더 나은 미래를 준비하기 위한 필수 재테크 수단이 되었습니다. 자본주의의 존립과 성장을 위한 기반이 기업이고, 기업의 성장에 간접적으로 동참하는 행위가 바로 주식 투자입니다.

실물시장에서는 개인들이 직접 투자할 곳이 없어지고 있고, 최고의 경쟁력을 갖춘 기업만이 시장지배력을 더욱 확대하는 환경으로 변하고 있습니다. 따라서 개인이 직접 사업을 시작하는 것보다 이미 경쟁력을 갖추고 시장을 지배하고 있는 기업에 투자로 동참하는 것이 훨씬 더 효과적입니다.

수많은 개미 투자자가 이러한 이유로 주식시장에 참여하고 있지만, 기본기가 갖추어지지 않은 상태에서 주식 투자를 간단한 게임이나 도박으로 오해하여 성급하게 매매하는 경우가 허다합니다. 그 결과 시장 진입 초기에 많은 손실을 입고 좌절하는 투자자들이 부지기수라는 것은 이미 일반화된 사실입니다.

주식 투자자가 매매하기 전에 반드시 갖추어야 할 도구는 다음 두 가지로 요약할 수 있습니다.

첫째, 기업의 가치를 판단할 수 있는 기본적 분석(펀더멘털 분석)
둘째, 매매 타이밍을 효과적으로 포착하기 위한 기술적 분석(차트 분석)

두 가지 방법을 충분히 습득하여 자신의 것으로 만들어 기본기를 갖춘 후에 시장에 참여해야 초기의 시행착오로 인한 손실을 최소화 할 수 있습니다. 투자 초기에 손실이 반복되면 자신감 상실과 원금회복에 대한 조급함으로 인해 더 큰 실패의 악순환을 거듭하게 됩니다.

수많은 투자 지침서가 시중에 나와 있으나, 대부분 기술적 분석과 차트 매매에 치중되어 있어서 개인 투자자를 단기 매매 게이머가 되도록 잘못 인도하고 있는 것이 현실입니다. 또한 장기 투자 원칙론을 표방하는 일부 투자서 역시 결국에는 차트를 이용한 트레이딩 게임으로 귀착되는 경우가 대부분입니다.

주식 투자가 도박성 머니 게임으로 전락하지 않고 올바르고 건전한 투자가 되기 위해서는 기본적 분석에 근거해야 하며, 기본적 분석과 기술적 분석이라는 두 가지 도구가 갖고 있는 각각의 역할을 확실히 이해해야 합니다. 한마디로 기본적 분석 도구가 제대로 갖추어졌을 때 기술적 분석 도구가 제 효과를 발휘하게 됩니다. 따라서 이 책은 개인 투자자들이 기본적 분석과 기술적 분석을 균형 있게 활용하여 꾸준한 수익을 올리는 건전하고 바람직한 투자활동을 돕고자 하는 데 목표를 두었습니다.

강세장이든 약세장이든 장세와 상관없이 주식 투자는 효과적으로 안정적인 투자 수익을 지속할 수 있는 평생사업의 모델이 되어야 합니다. 이 책을 통해 전업 투자자이든 부업으로 투자를 하는 분이든 평생 동안 꾸준한 수익을 올릴 수 있는 수익 모델을 만나게 될 것입니다.

월스트리트의 격언에 '황소$^{Bull\ Market}$도 돈을 벌지만 곰$^{Bear\ Market}$도 돈을 번다'는 말이 있습니다. 즉 약세장에서 대처하는 방법을 터득하는 것이야말로 강세장에서 제대로 투자 수익을 내는 방법입니다. 이 점을 늘 염두에 두고 읽어나가시기 바랍니다.

아무쪼록 이 책이 기존 투자자들이 가진 잘못된 주식 투자의 편견과 오류를 바로잡고, 초보 투자자에게 기본기를 탄탄히 길러주는 투자 멘토로 오래 자리매김하기를 기대합니다.

_박춘호

| 차례 |

들어가는 글 | 주식 투자 이야기     4

## 1부 주식이란 무엇인가?

### 01 주식에 대하여     18
- 주식이란 무엇인가?     18
  주식회사 설립=주식의 탄생 | 영업활동 | 유상증자 | 회사의 성장

### 02 주식의 거래=시장가 주식     24
- 상장     24
- 주식시장의 제도     27
  주식시장 | 주가지수 | 주가 변동
- 상장폐지     35
  강제폐지 | 자진폐지

### 03 실전 투자 응용     38
-  IPO 주식 매수     38
- 상장 공모가는 십중팔구 과대평가     40
- IPO 주식 투자의 성공 조건     41

# 2부 기업과 주가

### 04 기업의 가치 — 46
- 사례 2 어느 주식 투자자의 하소연 — 46
- 가격과 가치는 다르다(단기 투자) — 48
- 가격과 가치는 같다(장기 투자) — 50

### 05 기업가치 매기기 — 53
- 투자하기 좋은 주식이란? — 53
  가치란? | 현재가치 vs. 미래가치 | 가치투자란? | 가치투자의 역사
  가치투자의 장점
- 재무제표 읽는 법 — 57
  손익계산서 : 지속 가능한 이익인가?
  재무상태표 : 부채비율이 높은 회사는 피하라
  현금흐름표 : 파산 위험은 없는가?
- 기업가치 평가 방법 — 64
  수익가치평가 : PER | 자산가치평가 : PBR
- 사례 3 초보 주식 투자자가 흔히 밟는 시행착오 — 68
- 기타 참고할 만한 투자지표 — 72
  자기자본이익률(ROE, %) = 순이익 ÷ 자기자본
  EV/EBITDA = 총 기업가치 ÷ 영업현금흐름

### 06 기업가치의 변화 요인 — 73
- 업황과 기업가치 — 73
  - 사례 4 업황과 수익의 관계 — 75

| 차례 |

- 업황을 읽는 방법   77
  비즈니스 사이클을 읽어라 | 분기 실적 발표 내용에 주목하라
  증권사 종목 투자 의견서를 살펴라
- 업종별 선행지표   80
  - **사례 5** 고려아연과 금   81
  중국 경기는 세계 경기의 선행지표이다 | BDI를 보면 해운업황이 보인다
  국제 원자재 가격을 보면 에너지, 화학주가 보인다
  환율을 읽으면 수출주와 내수주가 보인다 | 금리는 금융주의 선행지표다
  세계 반도체 가격은 기술주의 선행지표다

## 07 주도 업종과 주도주   98
- 패러다임의 변화를 읽어라 : 장기 주도주   98
- 업종 간 순환 과정을 파악하라   101
- 대형주와 소형주의 순환 과정을 파악하라   103

## 08 기업가치투자 스타일   105
- 경기주 투자   105
- 고성장주 투자   107
  미래가치투자 | 고성장주의 함정
- 장기 성장주 투자   110
- 자산가치주 투자   113
- 부동산 가치주 투자   115
- 배당주 투자   117
  배당수익률이 높은 기업 | 시장점유율이 높고 성장성이 높은 회사
  3월 결산기업에 대한 배당 투자의 적기는 언제인가?

## 09 실전 투자 응용    122
- 경기주 투자 사례 : 신대양제지    122
- 배당주 투자 사례 : LG화학 우선주    125
- 성장주 투자 사례 : 메디톡스    128

# 3부 시장과 주가

## 10 경기와 주가    132
- 주가는 경기와 동행한다    132
- 경기 사이클    133
  기술혁신 경기 사이클 | 원자재 사이클_가격 상승기
- 경기지표    138
  경제성장률 | 제조업/비제조업 경기지표 | 고용지표
  주택경기지표 | 심리지표
- 주가의 선행성 : 주가는 경기에 선행한다    140

## 11 유동성과 주가    142
- 금리와 주가    143
  주가는 금리 수준에 역행한다 | 주가는 금리 추세와 동행한다
- 환율과 주가    146
  금리와 환율 | 환율과 주가
- 주가의 세계 동조화    149

## 차례

**12 심리와 주가** — 152
욕심과 버블 | 공포와 붕괴

**13 실전 투자 응용 : 현대차 & LG화학** — 155
- 아베노믹스와 엔 약세 — 155
- 수출주 비중 축소 — 156

# 4부 투자 위험관리

**14 시장 리스크**(변동성) — 160
- 사례 6 시장 리스크 — 160
- 단기 조정 — 163
- 시장붕괴 — 163

**15 종목 리스크** — 166
- 사례 7 종목 리스크 — 166
- 분기 실적 공표 : 이닝 쇼크와 어닝 서프라이즈 — 167
- 실적의 계절 요인 — 168
- 파산 위험 — 168

**16 리스크 관리** — 170
- 분산 투자 — 171
- 분할 매수와 분할 매도 — 174
- 보유비중 조절(리밸런싱) — 175

## 18 실전 투자 응용 : 포트폴리오 만들기　　　　　　　　178
- 포트폴리오 종목의 구성　　　　　　　　　　　　　　　178
- 종목 선택　　　　　　　　　　　　　　　　　　　　　181
  장기(안정) 성장주_아모레퍼시픽 | 경기주_기아차
  방어주(자산가치 저평가주)_SBS
- 보유현금의 활용 : 리밸런싱　　　　　　　　　　　　　191
  펀더멘털의 훼손 | 목표가 도달

# 5부　단기 매매

## 19 매매자와 투자자　　　　　　　　　　　　　　　　　196
　사례 8  당신은 트레이더인가, 투자자인가　　　　　　　196

## 20 차트 매매　　　　　　　　　　　　　　　　　　　　209
- 차트와 기술적 분석　　　　　　　　　　　　　　　　　209
- 봉(캔들) 차트 매매　　　　　　　　　　　　　　　　　212
- 추세선 매매　　　　　　　　　　　　　　　　　　　　216
- 이동평균선 매매　　　　　　　　　　　　　　　　　　218
  이동평균선이란 | 이동평균선의 활용 방법
- 패턴 매매　　　　　　　　　　　　　　　　　　　　　223
  상승 전환이 예상되는 패턴(W자형 쌍바닥형)
  하락 전환이 예상되는 패턴(M자형 쌍봉) | 상승 지속이 예상되는 패턴
  하락 지속이 예상되는 패턴 | 엘리어트 파동이론

| 차례 |

## 21 모멘텀 매매   230
- 테마주 플레이   230
- 투자 정보   234

  기업 분석 보고서 | 회사의 모든 것을 보여주는 분기 사업 보고서
  돈 되는 정보가 숨어 있는 기업공시

  **사례 10** 대한항공 : 사상 최대의 실적 발표에도
  기관 매도 공세로 주가 하락   240

## 22 실전 투자 응용   247

**사례 11** 단기 트레이딩 활용 : 신한지주   247

**사례 12** 호재에 팔고 악재에 사라 : 에스엠   249

**후기** | 이 책을 마치며   250

투자자가 좋은 주식을 사놓고도 투자 수익을 내지 못하는 이유는
주식(기업)의 가치에 대한 믿음이 없기 때문이다.
투자 전략의 기본 원칙은
'가격을 사지 말고 가치에 투자하라'이다.

# 01.
## 주식이란 무엇인가?
### 기초편

# 01. 주식(株式)에 대하여

### 주식이란 무엇인가?

주식이란 주식회사에 대한 소유권을 나타내는 증서이다. 그리고 주식회사란 여러 사람이 돈을 모아 설립하는 공동 소유의 회사로 투자 금액의 비율대로 주식을 나누어 가진다.

그 중에서 돈을 가장 많이 투자한 사람을 대주주라고 하며, 보통 전체 지분의 51% 이상을 투자하게 된다. 대주주는 직접 회사를 경영하기도 하고, 따로 전문 경영인과 직원을 채용하기도 한다.

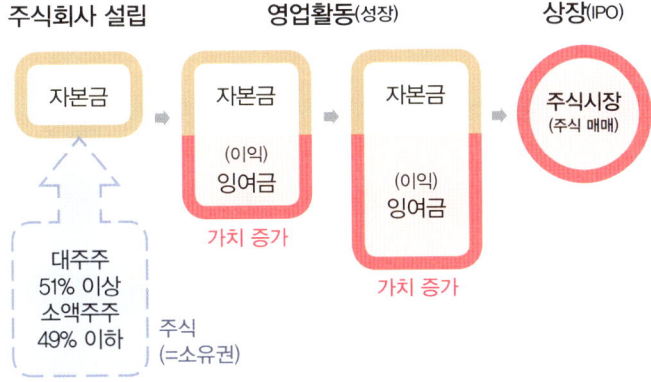

나머지 소액주주들은 회사에 대한 지분비율만큼 소유권이 있지만, 직접 경영에 참여하지는 않고 주주총회를 통해 의결권을 행사함으로써 회사 경영에 간접적으로 참여한다.

### 주식회사 설립 = 주식의 탄생

A, B, C, D, E 다섯 사람이 공동으로 자금을 모아 회사를 설립하기로 했다. 총 필요 자본금은 10억 원이었는데, 그 중에서 60%에 해당하는 6억 원을 A가 출자하고, 나머지 네 사람은 각각 10%씩인 1억 원씩을 출자했다.

회사 설립 후 자본금 10억 원에 대하여 액면가 5,000원인 주식 총 20만 주 발행해서 다음과 같이 나누어 가졌다.

주주들의 주식 분배비율

| 주주 | 분배비율 | 소유 주식수 |
|---|---|---|
| 대주주 A | 20만 주×60% | 12만 주 |
| 주주 B | 20만 주×10% | 2만 주 |
| 주주 C | 20만 주×10% | 2만 주 |
| 주주 D | 20만 주×10% | 2만 주 |
| 주주 E | 20만 주×10% | 2만 주 |

최대주주 A는 경영권을 가지고 회사를 직접 경영했다.

◌ ABCDE주식회사 자산 구성

| 총 자산 | 주주별 출자 금액 |
|---|---|
| 10억 원 | 주주 A : 6억 원(60%) |
| | 주주 B : 1억 원(10%) |
| | 주주 C : 1억 원(10%) |
| | 주주 D : 1억 원(10%) |
| | 주주 E : 1억 원(10%) |

**영업활동**

ABCDE주식회사는 회사 설립 후 사업 계획을 수립하였다. 그다음에는 인력 충원 및 필요 설비 확충 등 본격적인 기업 활동을 준비하였고, 첫 제품을 생산한 후 고객 대상 영업을 시작하였다.

| 총 매출액 | 지출 내역 |
|---|---|
| 10억 원 | 매출원가(재료비＋인건비＋각종 비용) : 8억 원 |
| | 배당금 지급 : 1억 원 |
| | 사내 유보금* : 1억 원 |

그리고 첫 해에 10억 원의 매출을 올렸다.

1년간 총 매출 10억 원 중 매출원가 8억 원을 제하고도 2억 원의 이익이 발생했다. 이 중에서 1억 원을 주주들에게 배당금으로 지급하고 나머지 1억 원은 다음 회기 사업 자금으로 사용하기 위해 은행에 예금하였다.

이 회사의 자산은 이제 초기 자본금 10억 원에 사내 유보금 1억 원이 더해져 11억 원으로 늘어났다. 따라서 주식 1주당 가치 또한 창업 시의 5,000원에서 5,500원으로 높아졌다.

○ 1주당 주식의 가치 = 11억 원÷20만 주 = 5,500원

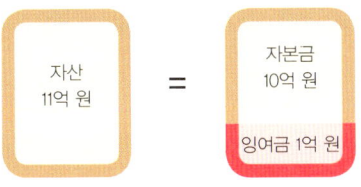

＊ **사내 유보금** : 이익 중에서 기업을 성장시키는 데 투자하기 위해 배당하지 않고 사내에 유보한 자금을 말한다.

## 유상증자

ABCDE회사의 제품은 점점 고객에게 뜨거운 호응을 얻었으며, 이로 인해 주문이 폭주하여 공장 증설이 필요했다. 그래서 현재 자본금의 100%에 해당하는 금액을 증자하기로 했다.*

ABCDE주식회사의 기존 주주는 모두 증자에 참여하기로 하였으며, 추가 납부를 완료했다.

| 주주 | 증자 금액 | 증자 주식수 | 총 보유 주식수(자본금) |
|---|---|---|---|
| A | 6억 원 | 12만 주 | 24만 주(12억 원) |
| B | 1억 원 | 2만 주 | 4만 주(2억 원) |
| C | 1억 원 | 2만 주 | 4만 주(2억 원) |
| D | 1억 원 | 2만 주 | 4만 주(2억 원) |
| E | 1억 원 | 2만 주 | 4만 주(2억 원) |
| 합계 | 10억 원 | 20만 주 | 40만 주(20억 원) |

이렇게 해서 기존 주주들은 보유 주식수가 2배로 증가하게 되었지만, 1주당 주식의 가치는 5,250원(=21억 원÷40만 주)으로 하락했다. 이처럼 유상증자로 인해 1주당 주식의 가치가 증자 후에 감소하게 되는 것을 주식가치의 '희석화$^{Dilution}$**'라고 한다.

* 기존 주주는 주식을 보유한 비율대로 신주를 배정받을 권리를 가진다. 이를 주주의 신주인수권(新株引受權)이라고 한다. 만약 기존 주주 중에서 증자를 포기(실권)하는 경우에는 외부에서 새로운 주주를 모집하게 된다.

○ 총 자산 21억 원의 세부 내역

| 초기 자본금 10억 원 | 증자 자본금 10억 원 | 이익 잉여금 1억 원 |
|---|---|---|

- 유상증자 후 1주당 주식가치 = 순자산 ÷ 발행 주식수 = 초기 자본금(10억 원) + 증자 자본금(10억 원) + 이익잉여금(1억 원) ÷ 초기 발행주식수(20만 주) + 증자 주식수(20만 주) = 5,250원

### 회사의 성장

5년 후 ABCDE회사는 꾸준히 성장하여 매출 규모가 연간 100억 원으로 커졌으며, 이익이 누적되어 회사 자산은 80억 원으로 성장하였다. 이렇게 되니 주주들이 보유한 주식의 가치는 초기 자본금 20억 원에 이익잉여금 60억 원을 합한 총 80억 원이 되었고, 1주당 주식가치는 2만 원(=80억 원÷40만 주)으로 증가하였다.

○ 총 자산 80억 원의 세부 내역

| 자본금 20억 원 (주식 40만 주) | 이익 잉여금 60억 원 |
|---|---|

** **주식가치의 희석화** : 주식의 가치가 낮아지는 것을 말하는 것으로, 신주를 발행하는 경우 주식 수가 늘어나는 만큼 발행기업의 자산이나 이익이 늘어나지 않으면 1주당 순이익이 감소하게 된다.

# 02. 주식의 거래 = 시장가 주식

## 상장 IPO

회사가 성장하면서 추가적인 시설 투자가 필요하게 되었는데, 내부 유보 자금으로는 대규모 시설 투자에 부족하였다. 소요 자금을 은행에서 빌리자니 이자가 부담스러웠고, 기존 주주들끼리 증자를 하기도 부담이 되었다. 그래서 ABCDE회사는 주식시장에서 필요한 자금을 직접 조달하기로 결정했다.

드디어 ABCDE회사는 자사의 주식을 증권거래소에 상장하기로 결정했다. 상장 작업을 위임받은 증권사는 이 회사의 1주당 가치가 현재의 자산가치로는 2만 원이지만, 수익가치로 볼 때 10만 원의 가치가 있다고 평가하였다.

○ ABCDE회사의 실적 변화

| 항목 | 전년도 실적 | 올해 예상 실적 |
| --- | --- | --- |
| 매출액 | 100억 원 | 200억 원 |
| 매출원가+세금 | 80억 원 | 160억 원 |
| 순이익 | 20억 원 | 40억 원 |
| 1주당 이익 | 5,000원<br>(20억 원÷40만 주) | 1만 원<br>(40억 원÷40만 주) |

왜냐하면 이 회사의 작년 영업 실적을 보면 매출액 100억 원에 순이익이 20억 원으로 1주당 순이익이 5,000원이지만, 올해에는 매출액과 이익이 각각 2배로 성장하여 예상 매출액이 200억 원이고 예상순이익이 40억 원으로 1주당 순이익은 1만 원으로 증가했는데, 이는 이러한 기업의 성장이 향후에도 지속 가능할 것으로 예상했기 때문이다. 그리고 ABCDE회사와 유사한 경쟁 기업의 현재 주가가 올해 예상 이익의 10배 수준(PER 10)이므로, ABCDE회사의 적정 주가도 올해 예상되는 1주당 이익(1만 원)의 10배인 10만 원 정도가 타당하다고 평가하였다.

ABCDE회사는 상장 시 원활한 주식 매각을 위하여 주간 증권사가 평가한 적정 주가 10만 원에서 30% 할인한 7만 원(공모가)에 상장하기로 결정했다. 그리고 드디어 회사가 거래소에 상장된 직후, 이 회사의 공모가(7만 원)가 경쟁사 주가보다 상대적으로 싸다는 인식이 확산되면서 투자자가 몰려들어 일주일 만에 ABCDE회사의 주가는 9만 원으로 상승했다.

주가가 9만 원에 거래된다면 이 회사의 총 시가는 360억 원(9만 원×40만 주)이 된다. 5년 전 초기 자본금 10억 원으로 창업했던 ABCDE회사는 5년 만에 거래소에 상장하였고, 시가총액이 360억 원으로 기업가치가 무려 36배 상승하였다.

★★ IPO Initial Public Offering란 무엇일까?

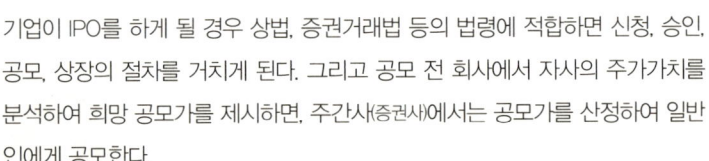

IPO란 기업이 주식시장에 최초로 상장하는 것을 말한다.

기업이 IPO를 하게 될 경우 상법, 증권거래법 등의 법령에 적합하면 신청, 승인, 공모, 상장의 절차를 거치게 된다. 그리고 공모 전 회사에서 자사의 주가가치를 분석하여 희망 공모가를 제시하면, 주간사(증권사)에서는 공모가를 산정하여 일반인에게 공모한다.

희망 공모가는 같은 업종의 평균가와 자사의 미래가치 및 현재가치를 주가로 분석하여 제시하는데, 주식시장의 상황이 좋으면 조금 높게 산정하고 좋지 않으면 낮게 산정하여 100% 공모되는 것을 목표로 한다.

# 주식시장의 제도

### 주식시장

한국의 주식시장에는 약 2,000여 개의 기업이 상장되어 있으며, 이들 상장기업의 시가총액은 2011년 10월 말 약 1,000조 원이 넘는 규모를 가지고 있다.

**표 1** 주식시장의 분류

| 코스피시장(현물시장) | 코스닥시장 | 파생상품시장 |
| --- | --- | --- |
| 대형주 위주 | 벤처기업 및 소형주 위주 | 선물옵션시장 |
| 약 1,000개의 대형 우량기업들이 상장되어 거래되고 있음 | 주로 벤처기업이나 소형주 위주로 약 1,000개의 기업이 상장되어 거래되고 있음 | 현물이 아닌 선물과 옵션 같은 파생상품이 거래되는 시장 |

### 주가지수

주가지수는 주식시장에서 거래되는 주식시세의 현황을 종합적으로 나타내는 지표다. 주요 주가지수에는 코스피지수, 코스피200지수, 코스닥지수, KRX지수가 있다.

• 코스피지수(종합지수)

코스피 종합지수는 상장된 모든 회사들의 주식 변동을 기준 시점과 비교 시점을 가지고 작성한 지표이다. 기준 시점은 1980년 1월 4일이며, 기준 시점의 시가총액이 100이라고 할 때, 이를 기준으로 비교 시점의 시가총액이 얼마인가를 계산하여 산출한다. 2011년 코스피지수가 2,000이라면 31년 동안 약 20배가 오른 셈이다. 또한 코스피지수는 시장의 전체적인 흐름을 읽을 때 사용한다. 상위 200개 사만 따로 모아서 산출한 지수를 '코스피200'지수라고 한다.

---

코스피지수 = (비교 시점의 시가총액÷기준 시점의 시가총액)×100

---

• 코스닥지수

코스닥시장에 상장된 기업의 주식 변동을 기준 시점에 비교하여 작성한 지표다. 기준 시점은 1996년 7월 1일이며, 기준치는 1,000이다. 코스닥지수는 한때 벤처기업의 열풍을 타고 3,000포인트 가까이 치솟았다. 그러나 거품이 꺼지면서 최근에는 500포인트 근처로 하락했다.

---

코스닥지수 = (비교 시점의 시가총액÷기준 시점의 시가총액)×100

---

• KRX100지수

코스피지수와 코스닥지수를 평균하여 한국 주식시장의 전체 흐름을 나타내기 위해 만든 지수이다. 한국 증시 대표지수로 사용하기 위해 만들었으나 별로 사용되지 않는다.

---

• KRX100지수
코스피지수와 코스닥지수를 합쳐 대표성이 있는 100개 사를 선정하여 통합지수를 만든 것이다.

• 세계 각국의 주가지수
미국 : 다우존스 산업지수, S&P500지수, 나스닥지수
유럽 : 영국의 FTSE, 프랑스 CAC, 독일의 DAX
아시아 : 중국의 상해종합지수, 일본의 닛케이지수

---

## 주가 변동

주식이 거래소에서 거래되기 시작하면 주가는 매일 오르고 내리게 된다. 이때부터 거래 주식의 액면가는 의미가 없고, 시장가만이 의미가 있다. 거래 주식의 액면가가 얼마이든 그 주식의 현재 시장가가 현재가치이고, 1주당 시장가에 총 발행 주식수를 곱한 것이 그 기업의 총 현재가치가 된다. 그런데 주가는 상장 당일부터 해당 주식에 대해 '좋은 소식Good News(호재)'이 있으면 매수세가 몰려들어 주가가 올라가게

되고, '나쁜 소식Bad News(악재)'이 있으면 매도세가 몰려 주가는 떨어지게 된다. 주가에 영향을 미치는 좋은 소식과 나쁜 소식들을 '재료News'라고 한다. 재료 때문에 주가가 달라지는 이유는 재료가 그 회사의 기업가치에 영향을 미친다고 생각하고, 재료에 따라 투자자들이 주식을 사고팔기 때문이다.

그런데 재료(뉴스) 중에는 실제로 해당 기업의 가치를 변화시키는 것도 있지만, 가치를 바꾸지 않는데도 단순히 심리적인 영향을 미쳐 주가를 움직이는 경우가 훨씬 많다. 이 경우 달라진 주가는 시간이 지나면 제자리로 돌아온다. 기업가치에 영향을 미치는 재료를 '본질Fundamental 요인'이라고 하고, 기업가치에 영향을 주지 않는 재료를 '시장Market 요인'이라고 한다. 이처럼 수많은 재료에 의해 변덕스럽게 주가가 움직이고, 그 때문에 단기적으로는 기업의 주가와 본질가치* 간에 왜곡 현상이 나타나게 된다.

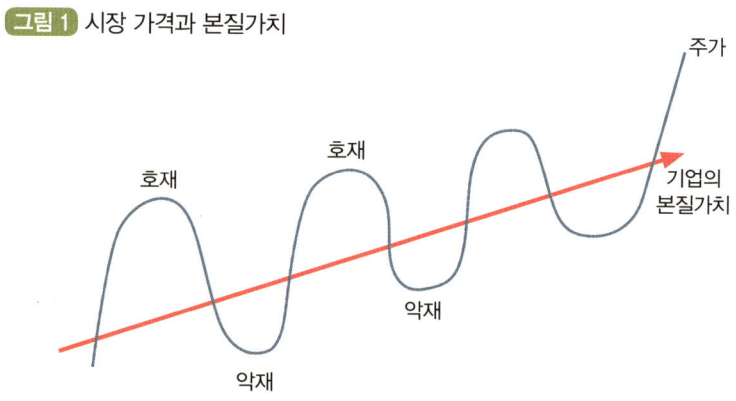

그림 1 시장 가격과 본질가치

## ★★ 액면가와 시가

주식시장(거래소)에서 거래되는 주가와 액면가는 아무런 상관이 없다. 액면가가 500원인 주식의 주가가 5만 원(액면가의 100배)인데, 액면가 5,000원인 주식의 주가 역시 같은 5만 원(액면가의 10배)일 경우 전자가 후자보다 훨씬 비싸다고 하지만, 이는 잘못 이해하고 있는 것이다. 주가가 싸다, 비싸다는 판단을 내리는 것은 단순하게 주가의 높고 낮음과는 별개의 문제다. 주가가 싼지 비싼지는 PER로 따져야 한다. 주가가 100만 원이라도 PER이 7배이면 싼 것이고, 주가가 4,000원이라도 PER이 30배이면 비싼 것이다.

## ★★ 액면분할과 액면병합

액면분할은 기존 주식 1주를 여러 개로 분할하는 것을 말한다. 예를 들어 액면가 5,000원짜리 주식 1주를 10주로 쪼개면 액면가는 500원이 되고, 주식수는 10배로 늘어나지만 자본금의 변동은 없다. 액면을 분할하는 이유는 주식수를 늘려 거래를 활성화하기 위한 목적인 경우도 있고, 주가를 부양하기 위한 의도일 수도 있다. 그런데 현실은 후자의 경우가 대부분이다. 즉 주가가 3만 원인 주식의 경우 액면가가 5,000원에서 500원으로 내려가면 주식수가 10배로 늘어나는 만큼 이론적으로는 주가도 1/10 가격인 3,000원으로 떨어져야 하지만, 실제로는 주가가 상대적으로 작은 폭으로 하락하거나 착시 효과로 인해 과거의 가격으로 복원하려는 경향이 있기 때문에 주가부양이 되는 사례가 많다. 액면분할과 반대로 여러 개의 주식을 1주로 합치는 것을 액면병합이라 한다.

* **본질가치** : 자산가치와 수익가치(미래 가능성을 현재화한 가치)를 감안한 기업의 내재가치를 말한다. 본질가치는 주당 기업의 가치를 평가한 것으로 주당순자산가치와 주당수익가치를 고려해 계산한다. 기업공개 시 주간사가 공모 희망가격을 제시할 때 사용된다.

• 기업의 본질가치에 영향을 주는 재료 : 기업 실적

상장 이후 ABCDE사의 주가는 9만 원 근처에서 등락을 거듭하다가 1분기 실적을 발표할 때가 되었다. 그런데 막상 1분기 실적이 공시되자 그 내용이 실망스러웠다. 매출액과 순이익이 당초 예상에 훨씬 못 미쳤기 때문이었다.

1분기 실적(매출과 이익)은 직전 분기(작년 4분기) 실적과 비슷한 수준이어서 작년에 비해 2배의 실적을 보이며 급성장할 것으로 예상했던 올해의 전망이 지나치게 과장되었음이 밝혀졌다. 이로 인해서 1분기 실적 발표와 동시에 9만 원이던 주가는 급락하여 1주일 만에 7만 원으로 하락했다.

증권사에서 발표하는 ABCDE사에 대한 '기업 분석 보고서'에 의하면 1분기 실적은 기대에 못 미쳐 다소 실망스럽지만, 2분기 이후에는 다시 업황과 실적이 좋아져서 기존의 예상 실적치를 달성할 것으로 보고, 매수하라는 의견을 내놓았다. 그러나 잠시 반짝 오르던 주가는 이후 2개월 동안 계속 하락하더니 결국 5만 원으로 떨어졌다. 따라서 기업의 총가치(시가총액=주가×주식수)는 380억 원(9만 원×40만 주)에서 200억 원(5만 원×40만 주)으로 떨어진 셈이다.


• 기업의 본질가치에 영향을 주지 않는 재료 : 무상증자

ABCDE사는 주가를 관리하기 위하여 100% 무상증자를 검토했다. 무상증자는 기존 주주에게 공짜로 주식을 나누어주는 것을 말하는데,

### 🔴 무상증자 전후 자산 내역 변화

| | 증자 전 | 100% 무상증자 |
|---|---|---|
| 자산<br>80억 원 | 자본금 20억 원 | 자본금 40억 원<br>(+20억 원) |
| | 잉여금 60억 원 | 잉여금 40억 원<br>(−20억 원) |

100% 무상증자라면 대개 기존 주주에게 1주당 1주씩 나누어주게 된다. 무상증자를 공시한 첫날, 이 회사의 주가는 상한가로 급등했다.

그런데 무상증자를 하게 되면 주식수가 늘어나는 것 말고는 회사의 가치에는 변화가 없다. 단지 장부상 잉여금이 자본금으로 변경되어 기재될 뿐이다. 결국 100% 무상증자를 하게 되면 주주들의 보유 주식수는 2배로 늘어나지만, 1주당 주식가치는 자산가치의 경우 기존 2만 원(=80억 원÷40만 주)에서 1만 원(=80억 원÷80만 주)으로 줄어들게 된다. 그리고 수익가치는 주식수만 2배로 늘어나므로 1주당 순이익이 절반으로 떨어진다.

그럼에도 불구하고 무상증자는 주가에 호재로 작용하여 보통 무상증자 발표와 동시에 단기적으로 주가가 급등하는 경우가 많다. 공짜로 주식수가 늘어난다는 심리적 효과 때문이다. 그러나 무상증자 발표 직후의 주가 급등은 대부분은 얼마 못 가서 제자리로 돌아가는 것이 일반적이다. 결국 주가는 실질가치로 회귀하기 때문이다.

## ★★ 증자와 감자

주식회사는 영업활동을 하는 중에도 자본금을 늘이거나(증자) 줄이기도(감자) 한다. 증자(增資)란 기업이 추가로 주식을 발행하여 자본금을 늘이는 것을 말하는데, 새로 발행하는 주식을 주주가 돈을 주고 살 때는 유상증자, 공짜로 받을 때는 무상증자라 한다.

반대로 감자(減資)는 자본금을 줄이는 것을 말한다. 대개 회사가 부실해져서 자본잠식이 있을 때 재무구조를 건실하게 만들기 위해 발행된 주식을 소각하여 주식 수를 줄이게 된다(무상감자). 간혹 회사가 보유한 현금을 주주가 되돌려 받는 경우도 있는데, 이를 유상감자라 한다.

## ★★ 유상증자는 호재인가, 악재인가?

유상증자를 하면 자본금과 함께 주식 수가 늘어나지만, 회사의 매출액과 순이익의 규모는 그대로이므로 1주당 순이익은 늘어난 주식수만큼 줄어들게 된다. 따라서 1주당 기업가치도 줄어들게 되므로 단기적으로는 주가에 악재이다. 그러나 장기적으로는 기업의 전망이 좋아서 증자된 돈으로 신규 투자를 하면 이익이 늘어나게 되므로 경기가 좋고 증시가 호황일 때는 호재가 된다. 반대로 경기 전망이 나쁘고 증시가 약세장일 때는 신규 투자의 효과나 실적 전망도 불투명하고, 증자된 주식에 대한 물량 부담만 늘어나므로 악재로 작용한다.

## 상장폐지

증시에 상장된 주식이 매매 대상으로서 자격을 상실하게 되면 상장이 취소되는데 이것을 상장폐지라고 한다. 상장폐지는 증권거래소가 강제로 상장을 폐지시키는 경우(강제폐지)가 대부분이나 상장회사가 자진해서 상장폐지 신청을 하는 경우(자진폐지)도 있다.

### 강제폐지

증권거래소는 주식을 발행한 회사가 파산 등 경영상의 중대한 사태가 발생해 투자자들이 손실을 보게 될 위험이 발생할 우려가 있을경우 강제로 해당 주식을 상장폐지할 수 있다. 상장폐지 기준에는 사업 보고서 미제출, 감사의견 거절, 부적정 감사의견, 영업정지, 부도 발생, 주식 분산 미달, 자본잠식 등이다.

증권거래소는 상장폐지 결정이 된 종목은 투자자에게 최종 매매기회를 주기 위해서 일정기간 동안 정리 매매를 할 수 있도록 한 후 상장을 폐지한다.

### 자진폐지

주식회사가 상장을 하는 목적은 주식시장을 통해 자금을 조달하기 위해서이다. 그런데 자금조달이 추가로 필요없거나, 상장주식의 거래

가격이 본질가치에 터무니없이 싸다고 판단되면 최대주주는 상장이 실익이 없기 때문에 자진해서 상장폐지하는 경우가 있다.

또한 발행 주식의 80% 이상을 최대주주가 보유하게 되면 주식 분산 요건 미달로 자진 상장폐지를 권고받게 되는데, 이 경우 대부분 자진 상장폐지한다.

대주주가 자진 상장폐지를 하려면 거래 중인 주식을 모두 공개 매수해야 한다. 아직 우리나라는 법적으로 공개 매수가를 어떻게 정해야 한다는 규정은 없지만, 소액주주들을 보호하는 차원에서 현재 주가 수준보다 30% 내외의 프리미엄을 주고 매수하는 경우가 일반적이다. 만약 소액주주들이 공개 매수가에 불만이 있을 경우 공개 매수에 응하지 않으면 자진 상장폐지가 어렵게 된다.

어떤 주식이 자진 상장폐지 가능성이 있게 되면 일반적으로 주가는 상승하게 된다. 왜냐하면 대주주가 현재 거래 가격보다 프리미엄을 주고 공개 매수하므로 이러한 예상이 미리 반영되어 주가가 먼저 오르기 때문이다.

## ★★ 증권거래소 상장폐지 기준

가. 결산기말로부터 90일 이내까지 사업 보고서를 제출하지 않으면 관리종목으로 지정하고 이후 10일 이내 제출하지 않으면 상장폐지된다. 반기, 분기 보고서를 2회 연속 미제출 시에도 상장폐지된다.

나. 외부감사인으로부터 감사의견이 '의견 거절' 또는 '부적정' 판정을 받은 기업의 경우 곧바로 상장폐지된다. 또 감사의견이 '한정'인 기업은 관리 종목에 지정하고 두 차례 연속 '한정' 판정을 받을 경우 상장폐지된다.

다. 수표나 어음의 부도 처리, 은행 거래가 정지되면 즉시 상장폐지된다.

라. 회사정리 절차 개시하면 즉시 상장폐지된다.

마. 자본금 전액 잠식기업은 관리 종목 지정 없이 즉시 상장폐지된다.

바. 자본금 50% 이상 잠식기업은 관리 종목으로 지정하고 2년 동안 지속될 경우 상장폐지된다.

사. 보통주 종가가 30일 연속 액면가 20% 미달하면 관리 종목으로 지정된 이후 90일 매매일중 미달 상태가 10일 연속 혹은 30일 이상인 경우 상장폐지된다.

아. 공시의무 위반으로 관리 종목 지정 후 1년 내 불성실공시법인으로 지정되거나 2년간 3회 이상 불성실 공시법인으로 지정될 경우 상장폐지된다.

자. 2년 동안 연간 매출액이 50억 원 미만일 경우, 소액주주비율이 일정 기준에 미달하거나, 분기의 월평균 거래량이 미달할 때, 증권거래법상 사외이사 수 및 감사위원회 구성 요건 미충족 시에도 상장폐지된다.

# 03. 실전 투자 응용

## IPO 주식 매수

박주식 씨는 2010년 5월에 삼성생명이 조만간 상장된다는 신문 뉴스를 보고 상장 당일 매수하기로 결심했다. 국내 최대이자 최고의 보험사로 유명한 삼성생명이었기 때문에 상장하면 주가가 크게 올라갈 것으로 생각되었다.

**차트 1** 삼성생명 일간 차트

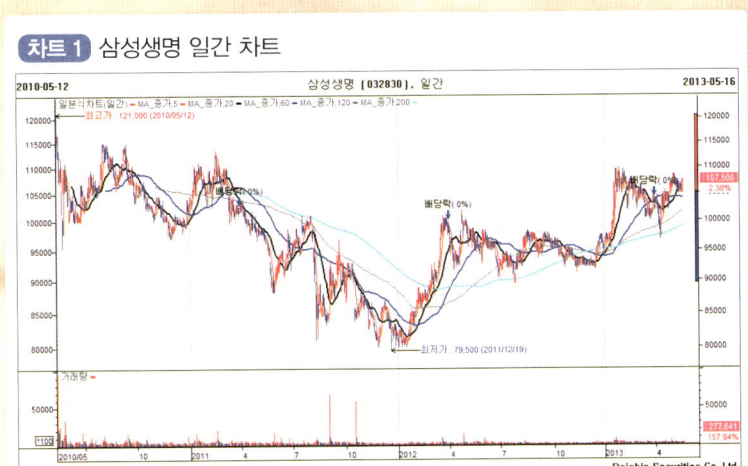

    마침내 5월 12일 삼성생명의 주식이 상장되자 상장 당일 주가가 급등했다. 박주식 씨는 급등하는 주식을 주당 11만 9,000원에 매수하였고, 그날 종가는 12만 1,000원에 마감되었다.

    박주식 씨는 당일 매수 후 주가가 매수가보다 더 오른 가격으로 마감되었기 때문에 몹시 기분이 좋았다. 그다음 날도 주가는 계속 올라갈 것으로 생각되었기 때문이다. 그러나 국내 보험사 중에서 최고라는 삼성생명의 주가는 상장일 이후부터는 조금씩 하락하기 시작했고, 삼성생명의 상장 가격이 '고평가되었다(비싸다)'는 언론 보도도 조금씩 나오기 시작했다.

    박주식 씨는 삼성생명의 주가가 왜 비싸다고 하는지 이해할 수가 없었다. 그렇다면 얼마이면 싸고 얼마이면 비싼 것인가? 박주식 씨가 그날 매수한 삼성생명 주가는 상장일로부터 3년이 된 2013년 5월까지도 상장일의 가격을 회복하지 못하고 있다. 너무 비싼 가격에 매수했기 때문에 아직까지 투자 손실 상태인 것이다.

## 상장 공모가는 십중팔구 과대평가

과거에는 상장 공모가를 적정가치보다 30% 정도 싸게 책정했다. 상장 당일 시장에서 100% 소화시키기 위해서였다. 그러나 요즘은 기업들이 욕심을 부려 가급적 공모가를 높게 산정해주는 증권사에 상장 대리인 위탁을 하기 때문에 증권사들이 경쟁적으로 상장주식을 과대평가하는 경향이 있다. 그 때문에 공모 전 개인과 법인이 가진 물량과 공모 시 배정받은 기관 물량들이 쏟아져서 상장 초기에 주가는 대부분 약세로 기운다.

주간 증권사가 IPO회사의 예상 이익을 지나치게 낙관적으로 전망하여 그 전망치를 근거로 가격을 매기게 되면 과대평가의 가능성이 있다. 그래서 투자자는 상장 초기 기업에 보다 신중하게 접근할 필요가 있다. 그 때문에 IPO란 'It's Probably Overpriced(십중팔구 과대평가)의 약자다'라는 비아냥거림도 있다.

표 2  삼성생명의 상장 이후 기업실적 요약 (연결기준, 단위는 억 원)

|  | 2010년 | 2011년 | 2012년 |
|---|---|---|---|
| 매출액 | 242,288 | 227,175 | 303,827 |
| 영업이익 | 18,105 | 10,036 | 12,049 |
| 순이익 | 15,699 | 9,484 | 9,843 |
| PER(주가÷순이익) | 13배 | 22배 | 21배 |

삼성생명은 상장 이전에 이미 유명하고 오랫동안 비싼 가격에 상장하려고 시기를 저울질하던 회사였기 때문에, 가장 대표적으로 과대평가의 가능성이 있는 회사다. 이미 일반인에게 잘 알려진 회사는 저평가의 가능성이 별로 없음을 알아채야 한다. 삼성생명의 상장 가격이 고평가였는지는 사후에 확인된다. 즉 상장 이후 기업실적으로 판단할 수 있다. 상장 다음 해인 2011년 이후 실적이 대폭 줄었으며 그것은 IPO 상장주가에 적용했던 2010년 실적이 지속 가능한 실적이 아니었다는 것을 사후적으로 입증한다.

## IPO 주식 투자의 성공 조건

IPO 주식 투자에 성공하기 위해서는 다음과 같은 조건이 있다.

첫째, 본인이 기업가치의 저평가 여부를 판단할 수 없는 주식은 투자하지 않는 것이다. IPO 주식은 상장 후 순조로운 매매를 위해 주간 증권사들이 추천 보고서를 통해 적극 홍보를 한다. 그러나 증권사들의 추천 보고서를 보이는 그대로 믿으면 안된다.
둘째, 삼성생명과 같이 잘 알려진 주식의 경우에도 상장 후 가급적 6개월 정도 경과 후에 매수를 고려한다. 기관들의 상장 이전 보유물량은 상장 후 6개월 정도가 되면 대부분 시장에서 소화되기 때문이다. 삼성생명의 주가차트를 보면 상장 이후 6개월 동안 기관 매물로 주가가 계속 하락했고, 이후 주가는 상승세로 전환하여 공모가 수준으로 회복하는 흐름을 보였다.

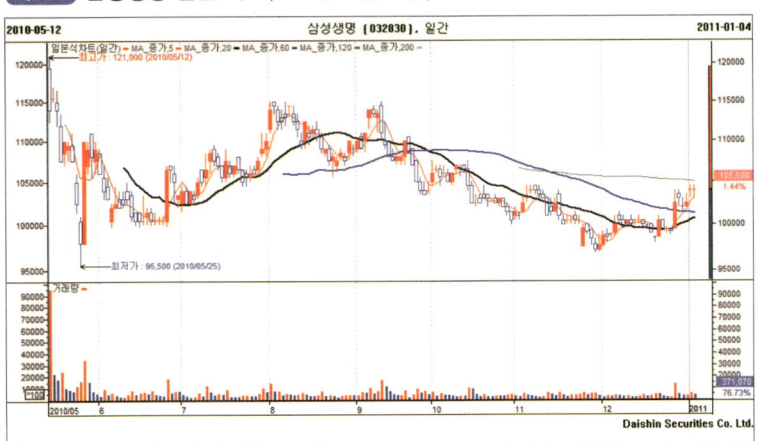

차트 2 삼성생명 일간 차트(2010년 5월 12일)

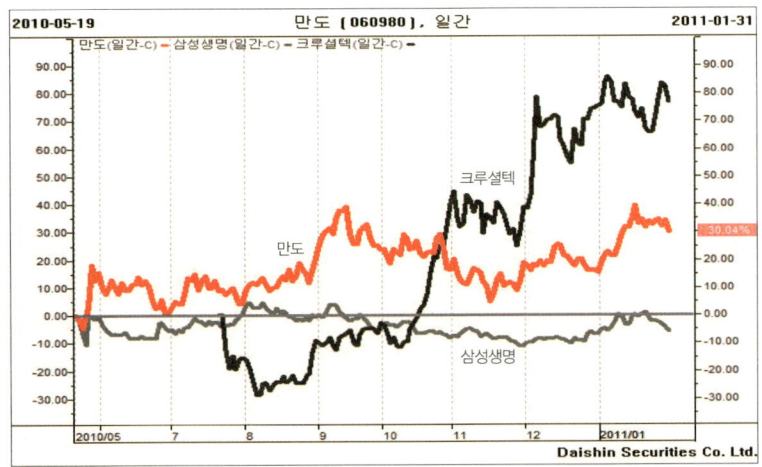

차트 3 IPO 관련 사례 : 만도, 삼성생명, 크루셜텍

비슷한 시기에 상장했던 3사는 상장 이후 주가의 흐름이 달랐다. 상장 후 6개월간 만도는 30%의 주가 상승이 있었으나, 삼성생명은 오히려 5%나 주가가 하락했다. 크루셜텍은 상장 직후 주가가 급락했으나, 이후 다시 급등하여 상장 후 6개월간 80%나 주가가 상승했다.

지금 힘들어도 10년 후 좋아질 것 같은 회사,
혹은 지금은 보수가 적지만 10년 후 10배를 받게 될 것으로
기대하는 회사, 이런 회사는 절대 선택하지 마라.
지금이 즐겁지 않으면 10년 후에도 마찬가지이다.
-워런 버핏-

# 02

# 기업과 주가

# 04. 기업의 가치 Value

 어느 주식 투자자의 하소연

어떤 투자자가 이런 하소연을 해왔다. 주식 투자를 처음으로 시작했는데 여러 곳에서 추천을 많이 하고 있는 현대차 주식을 샀다. 그런데 사고 나니 주가가 계속 떨어져 어떻게 해야 할지 모르겠다는 것이다.

증권사 보고서나 증권방송에 나오는 전문가들 역시 하나같이 현대차가 주도주이며, 현저히 저평가된 상태라고 해서 주저 없이 샀는데,

매수 직후부터 지금까지 1주일간 7%나 떨어진 것이다.

"1만 주를 주당 14만 3,000원에 샀습니다. 그런데 현재 주가가 13만 3,000원이니 1주일 만에 1억 원이 날아갔어요!"

"아무리 좋은 주식이라도 주가가 매일 오르기만 하는 것은 아닙니다."

"그러면 앞으로 더 떨어질 수도 있다는 말씀입니까?"

"그럴 수도 있고, 그렇지 않을 수도 있습니다."

"큰일이네요. 벌써 1억 원이나 날아갔는데 여기서 또 더 빠지게 된다면……."

"실제로 1억 원이 날아간 것이 아니라 장부상의 평가손실일 뿐입니다. 시간이 지나면 결국 기업가치를 따라 올라갈 테니 단기적인 평가손실에 너무 신경 쓰지 마시고 기다리시는 게 좋을 것 같습니다."

차트 4 현대차 일간차트

> "얼마나 기다리면 될까요?"
> 몹시 초조한 목소리로 투자자가 물었다.
> "......"
>
> 며칠 후 주가가 반등하였고, 그 투자자에게 현대차 주식을 보유하고 있는지 물었더니 더 떨어질까봐 공포감을 못 이기고 그날 팔아버렸다고 했다.

## 가격(주가)과 가치는 다르다(단기 투자)

투자자가 좋은 주식을 사놓고도 보유해서 투자 수익을 내지 못하는 이유는 주식(기업)의 가치에 대한 믿음이 없기 때문이다. 투자 전략의 기본 원칙은 '가격$^{Price}$을 사지 말고 가치$^{Value}$에 투자하라'이다. 주식 투자자는 주식의 '가치$^{Value}$'를 보고 투자해야 한다. 그렇다면 무엇이 주식의 가치일까?

앞의 사례에서 투자자가 현대차 주식을 사고 난 이후 주가가 떨어진 원인을 살펴보면 두 가지로 요약할 수 있다.

첫째, 시장Market 요인 때문이다. 유럽과 미국 등 선진국의 경기지표들이 나빠지면서 경기 후퇴의 우려로 인해 세계 증시가 동시에 하락했고 우리나라 증시도 전체적으로 대부분의 주가가 떨어졌기 때문이다.

둘째, 현대차 회사의 개별Company 요인 때문이다. 언론에서 현대차 그룹이 현대건설 인수를 검토하고 있다는 뉴스가 흘러나왔던 것이다. 현대차가 현대건설을 인수하게 되면 인수자금을 빌려야 하고, 빌린 돈에 대한 이자 부담으로 현대차의 이익이 줄어들어 기업가치가 떨어지게 될 것이라고 생각하여 투자자들이 주식을 팔아 치운 것이다.

아무리 좋은 주식도 계속 오르기만 하는 것이 아니다. 시장 요인 때문에 주가가 떨어지기도 하고 회사의 개별적인 요인 때문에 주가가 떨어지기도 한다.\*

개별 요인이든 시장 요인이든 시장에 재료가 등장하면 좋은 재료에는 매수세가 몰려들어 주가가 올라가고, 나쁜 재료에는 매도세가 몰려서 주가가 떨어지는 등락이 일어난다.

---

\* **더블딥(Double-Dip)** : 불황에서 벗어난 경제가 다시 침체에 빠지는 '2중 하강' 현상을 말한다. 경기회복 초기 국면에서 자주 나타나는 현상이다. 2번의 침체를 거쳐 회복기에 접어들면 'W자형' 회복이라고 한다.

`그림 2` 주가와 기업가치

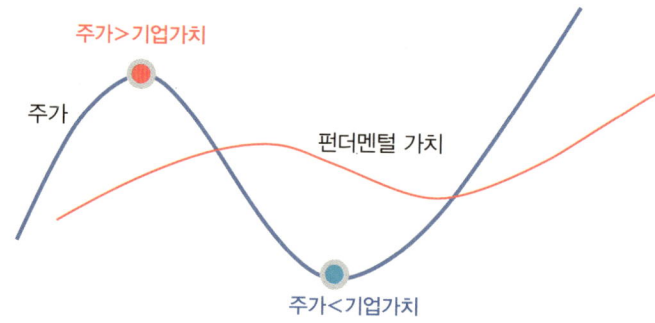

이러한 재료들이 실제로 기업가치에 영향을 주지는 않더라도, 당장은 시장 참여자인 투자자들의 심리적인 영향으로 매매가 일어나 주가는 오르거나 내리게 된다.

주가가 하락하면 투자자의 계좌에는 바로 평가손실이 기록되어 기분이 나빠지고, 초보 투자자일수록 더 이상의 손실이 두려워지므로 보유 주식을 팔아버리게 된다.

## 가격(주가)과 가치는 같다(장기 투자)

그런데 〈차트 4〉에서 보듯이 악재가 나왔을 때는 일시적으로 주가가 하락했지만 이후 주가가 다시 올라가고 있다. 기업가치가 현재 주가보다 높다면 장기적으로 주가는 결국 기업가치를 향해 올라가게 된다. 투자자가 현대차의 기업가치를 스스로 평가할 수 있다면 일시적인 악재로 주가가 떨어지더라도 적정가치가 현재 주가보다 높다는 판단이 있는 한 겁먹지 않고 계속 보유할 수 있을 것이다.

### 무엇이 현대차 주식의 가치인가?

주식의 가치란 기본적으로는 주식(회사)의 이익 창출력을 의미한다. 만약 주식시장에서 거래되는 대부분 또는 평균적인 기업의 주가가 1주당 이익의 10배 가격이라고 할 때(이익배수$^{Multiple, PER}$) 현대차 주식 1주당 순이익이 2만 원이고 앞으로도 매년 이 정도 이상의 이익 창출이 지속 가능하다면 현대차 주식의 적정가치는 1주당 순이익 2만 원의 10배인 20만 원이 된다. 그런데 만약에 현대차의 현재 주가가 15만 원이라면 적정가치인 20만 원보다 싸게 거래되고 있는 셈이다.

만약 현대차 기업의 매출이 좋아져서 1주당 순이익이 2만 원에서 3만 원으로 증가한다면, 현대차의 1주당 적정가치 또한 증가한 1주당 순이익(3만 원)의 10배(시장평균배수$^{Multiple}$)인 30만 원으로 커지게 된다.

**그림 3** 주가와 기업가치(장기 투자)

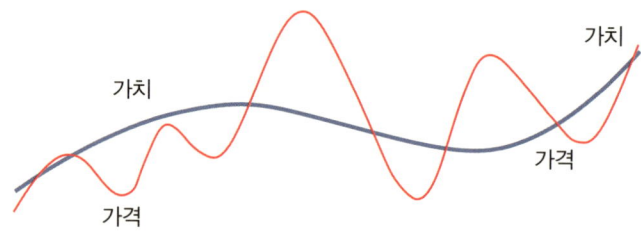

반대로 만약 현대차 기업의 매출이 줄어들어 1주당 순이익이 2만 원에서 1만 원으로 감소한다면 현대차의 1주당 적정가치도 감소하여 1주당 순이익(1만 원)의 10배인 10만 원으로 작아지게 된다.

만약 현대차의 적정가치가 10만 원이라면 현재 주가가 15만 원일 경우에 시간이 흐르면 시장에 참여하는 투자자에 의해 적정가치로 평가받을 것이고, 주가는 점차 하락하여 결국에는 10만 원 근처로 떨어지게 된다. 결국 주가는 장기적으로는 적정가치에 수렴하게 된다.*

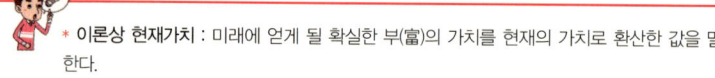

* **이론상 현재가치** : 미래에 얻게 될 확실한 부(富)의 가치를 현재의 가치로 환산한 값을 말한다.

# 05. 기업가치 매기기 Valuation

## 투자하기 좋은 주식이란?

투자하기 좋은 주식이란 다음과 같은 요건을 지니고 있다.

첫째, 그 주식의 현재가치가 현재의 가격보다 더 크다.
둘째, 그 주식의 미래가치가 현재의 가격보다 더 크다.

이러한 주식을 찾아내기 위해서는 주식(기업)의 가치를 분석할 줄 알아야 한다. 그러한 기업은 업종 내의 다른 기업보다 경쟁력이 있는 기업이다.

기업 경쟁력을 파악하는 방법은 업종 내에서 그 회사 제품의 브랜드 이미지가 구축되어 있고 시장점유율(MS)이 상승하고 있는지를 살펴보면 된다.

### 가치|Value란?

주식의 가치란 그 주식이 현재 주식시장에서 거래되고 있는 가격과 상관없이 그 주식이 보유하고 있는 순자산과 미래에 창출해낼 수 있는 수익의 합계치를 뜻한다.

만약 어떤 주식의 가치가 5만 원인데 주식시장에서 3만 원에 거래되고 있다면 그 주식은 저평가(싸다)되어 있는 것이다. 5만 원짜리 가치의 주식이 주식시장에서 6만 원에 거래되고 있다면 고평가(비싸다)되어 있는 것이다.

### 현재가치(자산가치) vs. 미래가치(수익가치)

만약 어떤 회사가 과거에 벌어놓은 재산이 많거나, 현재 돈을 잘 벌고 있다면 현재가치가 높은 것이다. 그리고 현재 벌어놓은 돈은 없지만 빠르게 성장하여 미래에 돈을 많이 벌 가능성이 높다면 미래가치가 높은 것이다.

주식시장은 현재가치(자산가치)보다는 미래가치(수익가치)에 더 투자가치를 부여한다. 왜냐하면 미래가치에는 성장 가능성이 포함되어 있기 때문이다.

## 가치투자란?

가치투자란 주식시장에서 저평가된 주식을 찾아내어 투자하는 방식 Value Invester을 말한다. 주가가 움직이는 방향을 사전에 예측하여 투자하는 방식 Market Timer에 대비되는 투자방식이다.

주식시장에서 저평가된 주식을 찾아내어 투자한다면 현재는 그 주식이 시장에서 제값을 못 받고 있더라도 언젠가는 그 가치가 시장에 알려져서 제값을 받게 된다는 논리다. 단기적인 주가의 방향을 예측하려고 노력을 하는 대신에 저평가된 주식을 찾아내기 위해 노력을 하는 것이다.

## 가치투자의 역사

주식시장은 투기적인 요소가 많고 비합리적(심리적)인 요인에 의한 등락이 극심한 곳이다. 단기적인 주가의 방향을 예측하는 일은 합리적인 방식으로는 거의 불가능한 영역이다. 소수의 몇 사람이 특별한 예지력이나 통찰력으로 일시적으로는 맞힐 수는 있지만 지속적으로 맞힌 일은 없었다.

가치투자는 1930년 세계대공황으로 수가가 대폭락한 이후 수식 투자에서 장기적으로 살아남을 투자 원칙을 수립하려는 노력으로 '벤저민 그레이엄'이 체계화(저서 『증권분석』, 『현명한 투자자』)했다. 그후 벤저민 그레이엄의 제자인 '워런 버핏'은 가치투자 방식으로 세계 최고의 부자가 됨으로써 가치투자의 우수성을 입증했다.

현존하는 가치투자 이론가로 가장 유명한 사람은 '제러미 시겔(와튼 스쿨 교수)'이다. 그는 『장기투자자의 승리』라는 저서에서 가치주 투자에 대해 언급하며, 만약 대공황 직전 최고점에서 주식을 매수하여 장기 보유했을 경우 다른 곳(부동산이나 채권)에 투자한 경우보다 더 나았음을 검증해냈다. 오늘날 대부분의 투자펀드에서는 가치투자 방식을 따르고 있으며, '피터린치'나 '존 네프'와 같은 펀드 매니저는 장기적으로 시장 수익률을 훨씬 능가하는 투자 수익률로 가치투자의 우수성을 입증하고 있다.

### 가치투자의 장점

저평가된 주식을 찾아내는 일이 쉬울까, 주가가 움직이는 방향을 예측하는 일이 쉬울까? 주가가 움직이는 방향을 예측하는 일은 남보다 뛰어난 통찰력과 예지력 그리고 정보력을 가지고 있어야 가능하다. 그러나 저평가된 주식을 찾아내는 일은 보통사람의 합리적인 분석으로 가능한 일이다. 만약 당신이 다른 사람을 능가하는 특별한 통찰력이나 예지력 그리고 정보력이 없는 보통사람이라면 가치투자의 방식을 따르는 것이 좋다.

가치투자의 장점은 애당초 가능하지도 않은 주가가 움직이는 방향을 예측하기 위해 쓸데없는 노력을 하지 않아도 된다는 점이다. 그리고 매일 등락하는 주가에 일희일비하며 스트레스를 받지 않아도 된다는 점이다.

# 재무제표 읽는 법

기업가치를 평가하는 기본적인 자료가 바로 기업실적이므로 투자자는 투자 대상 회사의 기업실적에 대한 충분한 이해가 필요하다. 재무제표는 기업의 영업 실적을 알리는 성적표로 매년, 매분기마다 공시된다. 1분기 실적(1~3월)은 대부분 4월에 공표(1분기 보고서)되고, 2분기 실적(4~6월)은 7월, 3분기 실적(7~9월)은 10월, 그리고 4분기 실적(10~12월) 및 연간 실적은 다음해 1월에 공표된다.*

### 손익계산서 : 지속 가능한 이익인가?

손익계산서에서 투자자가 가장 주의해서 봐야 할 내용은 '이익의 지속 가능성'이다. 회사에서 공표하는 매출과 이익의 내용으로 회사가 지속적으로 성장하고 있는지를 판단해야 한다. 순이익(주당순이익)의 지속 가능 여부가 의심스러운 회사는 좋은 회사가 아니다. 발표한 이익이 많더라도 지속 가능하지 않은 이익이라면 그것으로 평가한 기업가치는 의미가 없다.

그렇다면 어떤 이익이 지속 가능하지 않은 이익이고 어떤 것이 지속 가능한 이익일까?

* 과거의 재무제표는 HTS에서 확인할 수 있다. HTS의 현재가 창에는 가장 최근까지의 공표된 재무제표가 잘 정리되어 있어서 투자자가 쉽게 접근할 수 있다. 분기 보고서 공시 자료는 금융감독원 홈페이지 기업공시에서 검색할 수 있다.

다음 〈표 3〉에 예시한 손익계산서는 가장 중요하게 보아야 할 항목만을 포함하고 있는 요약 손익계산서다. 투자자는 중요 항목을 중심으로 기업가치를 해석하는 요령을 갖추면 된다.

손익계산서에서 핵심이 되는 항목은 매출액, 영업이익, 순이익(주당순이익)의 세 가지 항목이다.

**표 3** 손익계산서

| 항목 | 2010년 |
|---|---|
| **매출액** | **1,500억 원** |
| 　매출원가 | 1,200억 원 |
| **매출총이익** | 300억 원 |
| 　영업비용 | 150억 원 |
| **영업이익** | **150억 원** |
| 　영업외비용(지급이자) | 20억 원 |
| 　특별이익 | – |
| 　법인세 | 30억 원 |
| **순이익** | **100억 원** |
| **주당순이익(순이익÷주식 수)** | **1만 원(발행 주식수=100만 주)** |

• 매출 규모가 크고 이익률이 높을수록 좋다

회사 규모가 작은 회사보다 큰 회사가 경기 변동에 안정적이다. 또 매출액과 비교한 이익률이 높은 회사가 경쟁력 있는 회사다. 이익률이 낮은 회사는 업황이 나빠지거나 경쟁사 간 경쟁이 치열해지면 쉽게 적자로 돌아서는 경우가 많다. 즉 경쟁력이 취약하다.

다음 〈표 4〉에서 회사 A와 B의 손익계산서를 비교하면 A가 B보다 규모도 크고 매출이익률도 높으므로 경쟁력이 있고, 이익의 지속 가능성이 더 큰 회사라고 판단할 수 있다.

**표 4** 매출액과 순이익 비교

| 항목 | 회사 A | 회사 B |
| --- | --- | --- |
| 매출액 | 5,000억 원 | 1,000억 원 |
| 순이익 | 1,000억 원 | 100억 원 |
| 순이익률(순이익÷매출) | 20% | 10% |

• 매출과 이익이 안정적으로 성장하는 회사가 좋다

매출이나 이익이 들쭉날쭉하지 않고 안정적인 회사가 좋은 회사다. 〈표 5〉의 회사 A, B, C 중에서 안정적으로 성장하고 있는 A가 성장 속도가 느린 B나 실적 변동성이 큰 C보다 좋은 회사다.

**표 5** 연도별 순이익 추이 비교

| | 2008년 | 2009년 | 2010년 |
| --- | --- | --- | --- |
| 회사 A | 100억 원 | 120억 원 | 150억 원 |
| 회사 B | 100억 원 | 110억 원 | 120억 원 |
| 회사 C | 90억 원 | 150억 원 | 100억 원 |

• 순이익보다 영업이익이 더 중요하다

매출액 규모가 같은 회사 A와 B를 비교하면 A가 B보다 순이익 규모는 작지만 영업이익 규모가 훨씬 크므로 더 좋은 회사다. B는 A보다 순이익이 더 많지만 특별이익이 포함되었기 때문이다. 특별이익은 매년 반복적으로 나오는 이익이 아니고 그해 만의 일시적인 이익이기 때문에 지속성이 없다. 그러므로 영업이익 규모가 더 큰 A사가 이익의 지속 가능성이 더 크다.

**표 6** 영업이익 비교

|  | 회사 A | 회사 B |
| --- | --- | --- |
| 매출액 | 5,000억 원 | 5,000억 원 |
| 영업이익 | 1,000억 원 | 200억 원 |
| 특별이익 | 0 | 1,000억 원 |
| 법인세 | 200억 원 | 300억 원 |
| 순이익 | 800억 원 | 900억 원 |

**재무상태표 : 부채비율이 높은 회사는 피하라**

재무상태표에서 투자자가 판단할 사항은 회사의 '존속 가능성'이다. 회사의 재무상태가 취약할수록 존속 가능성을 의심해봐야 한다. 매출과 이익이 많은 회사라도 재무구조가 취약하면 경기가 나빠질 경우 실적이 크게 악화된다.

부채비율(부채÷자기자본)이 높거나 차입금(차입금÷자기자본)이 많은 회사는 경기상황이 나빠지거나 금리가 올라가게 되면 차입금에 대한 이자비용 부담이 빠르게 증가하여 이익 또한 줄어들게 된다. 즉 외부 환경 변화에 매우 취약한 회사라고 할 수 있다. 재무상태표에서 가장 주의 깊게 봐야 할 항목이 바로 차입금이다.

차입금 규모를 자기자본 규모나 총자산 규모와 비교했을 때 너무 과중하지 않은지 판단해봐야 한다. 차입금이 자기자본보다 2배 이상(부채비율 200%)이거나 매출액보다 많은 회사는 가급적 투자 대상에서 제외하는 것이 안전하다.

**표7** 영업이익 비교

|  | 회사 A | 회사 B |
| --- | --- | --- |
| 총자산 | 5,000억 원 | 5,000억 원 |
| 총부채(차입금) | 1,000억 원 (0) | 3,000억 원 (2,000억 원) |
| 자기자본 | 4,000억 원 | 2,000억 원 |
| 부채비율(부채÷자기자본) | 20% | 150% |
| 차입금÷자기자본 | 0% | 900억%100% 원 |

〈표 7〉의 사례를 살펴보면 자산 규모는 같지만 A가 부채비율이 낮고 재무구조가 훨씬 건실하기 때문에 회사의 존속 가능성이 B보다 더 우수하다.

### 현금흐름표 : 파산 위험은 없는가?

대부분의 투자자들은 현금흐름표에 익숙하지 않아서 이를 무시하는 경향이 있다. 그러나 외국인 투자자들이 가장 중요시하는 재무제표가 바로 현금흐름표이다. 현금흐름표가 부실한 회사는 다른 지표가 좋다 하더라도 투자 대상에서 반드시 제외해야 한다.

손익계산서상에는 이익이 나더라도 현금흐름표상에서는 '영업활동에 의한 현금흐름'이 적자인 회사가 있다. 그 이유는 회사가 매출을 많이 올리더라도 미수금이 쌓이거나 재고자산이 누적되어 있으면 운전자금이 부족한 상황이 발생하기 때문이다. 이때 운전자금의 조달이 원활하지 않게 된다면 그 회사는 도산할 위험이 매우 높아진다. 이런 회사는 투자할 때 매우 조심해야 하며, 가급적 투자 대상에서 제외하는 것이 좋다.

〈표 8〉을 보면 회사 B가 A보다 순이익 규모는 더 크지만 운전자금이 부족하기 때문에 '영업활동에 의한 현금흐름'에서는 오히려 200억 원의 적자가 발생했다. A는 영업활동에 의한 현금 유입이 600억 원으로, 그 중 300억 원은 투자에 사용하고 남는 자금은 차입금 상환에 사용했다.

한편 B는 600억 원의 순이익에도 불구하고 500억 원을 추가로 차입하여 300억 원은 투자자금으로 충당하고 200억 원의 운전자금 부족분을 메웠다. 따라서 B사는 유동성 위험에 노출되어 있는 회사이므로 다른 지표가 아무리 좋아 보여도 조심스럽게 판단해야 하고, 가급적 투자 대상에서 제외시키는 것이 좋다.

**표 8** 현금흐름표 비교

|  | 회사 A | 회사 B |
|---|---|---|
| **영업활동에 의한 현금흐름 (a+b)** | 600억 원 | −200억 원 |
| a. 당기순이익 | 500억 원 | 600억 원 |
| b. 운전자금 과부족 | +100억 원 | −800억 원 |
| **투자활동에 의한 현금흐름** | −300억 원 | −300억 원 |
| **재무활동에 의한 현금흐름** | −300억 원 (차입금 상환) | 500억 원 (차입금 증가) |

**표 9** 재무제표로 판단하는 우량기업과 부실기업의 차이

|  | 우량기업 | 부실기업 |
|---|---|---|
| **재무상태표** | • 부채가 적다. | • 부채(차입금)이 많다. |
| **손익계산서** | • 영업이익률이 높다.<br>• 지급 이자가 적다. | • 영업이익률이 낮다.<br>• 지급 이자가 많다. |
| **현금흐름표** | • 영업활동 현금흐름이 많다.<br>• 재무활동 현금흐름이 마이너스이다(차입금 상환). | • 영업활동 현금흐름이 적자이다.<br>• 재무활동 현금흐름이 많다(차입금 증가). |

# 기업가치 평가 방법

**수익가치평가 : PER**

• PER로 수익가치를 평가하라

  호황 업종에 속하는 기업이라도 현재의 주가가 이미 충분히 그 기업의 가치를 반영하고 있다면 추가적인 투자 수익을 얻기가 어렵다. 현재 주가가 아직 그 기업의 가치에 못 미치는 저평가 상태에 있는 주식을 골라서 투자해야 수익을 얻을 수 있다. 그렇기 때문에 투자자는 대상 주식의 기업가치를 평가할 수 있어야 한다.*

---

**PER**
= 주가÷주당순이익 : 주당 개념
= 시가총액÷순이익 : 기업 전체 개념

---

  기업가치는 PER로 평가한다. PER은 주가를 주당순이익으로 나눈 수치로, 현재의 주가가 그 기업이 1년간 창출하는 이익의 몇 배가 되는지를 나타낸다.

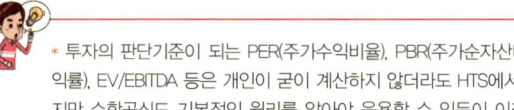

\* 투자의 판단기준이 되는 PER(주가수익비율), PBR(주가순자산비율), ROE(자기자본이익률), EV/EBITDA 등은 개인이 굳이 계산하지 않더라도 HTS에서 찾아볼 수 있다. 그렇지만 수학공식도 기본적인 원리를 알아야 응용할 수 있듯이 이러한 지표들도 기본 개념을 알아야 응용할 수 있다. 또 최근 지표는 HTS에서 아직 업데이트가 안 된 경우가 많아 개인이 직접 계산해야 할 때도 있다.

예를 들어 지난 1년간 순이익이 100억 원인 A사의 현재 주가가 5만 원이고 발행 주식수는 200만 주라면, 시가총액은 1,000억 원이 된다. 이때 1주당 순이익은 5,000원(100억 원÷200만 주)이고 PER은 10이다(5만 원÷5,000원).

기업 전체로 계산해도 마찬가지로 PER은 10(1,000억 원÷100억 원)이 된다. 즉 그 회사의 주가가 연간 이익의 10배로 거래되고 있다는 의미가 된다. 이처럼 PER은 기업가치를 평가하는 절대적인 판단지표다.

• 평균과 비교하기

앞의 설명을 통해 PER이 높다는 것은 그 회사의 주가가 비싸다는 것이고, PER이 낮다는 것은 주가가 싸다는 의미임을 알았을 것이다. 그렇다면 PER이 어느 정도일 때 비싸다(고평가) 혹은 싸다(저평가)라고 판단할 수 있는 것일까?

−첫 번째 기준 : 전체 시장의 평균 PER이다.

어떤 회사의 PER이 전체 시장 평균 PER보다 높으면 일반적으로 '비싸다'라고 말한다.

−두 번째 기준 : 그 회사가 속한 업종 평균 PER이다.

어떤 회사의 PER이 그 회사가 속한 해당 업종의 평균 PER보다 높다면 일반적으로 '비싸다'라고 말한다.

─세 번째 기준 : 사업 내용이 유사한 국내외 경쟁회사의 PER과 비교해서 그보다 높을 때 고평가, 낮을 때 저평가되어 있다고 판단한다.

예를 들어 A사가 속한 업종에서 다른 회사들의 PER이 15라면 그 업종의 평균 PER은 15이며, A주식의 기업가치는 순이익 100억 원의 15배인 1,500억 원(주당 7만 5,000원)이 되어야 마땅하다.

즉 A사의 적정가치는 1,500억 원인데도 불구하고 시장에서 거래되고 있는 가격은 1,000억 원(주당 5만 원)이다. 그러므로 A사는 저평가된 상태이다.

다른 예로 같은 업종 내에서 회사 B의 PER이 5이고, 회사 C의 PER이 12라고 가정하자. 이때 이 업종의 평균 PER이 10이라고 한다면 B사의 주식은 저평가되어 있고, C사는 고평가되어 있다고 볼 수 있다. 만약 삼성전자의 지속 가능한 1주당 순이익이 10만 원이고, 현재 주가가 80만 원이라고 한다면 PER은 8배가 된다. 경쟁사인 '애플'의 PER이 15배라고 할 때 애플과 비교한 삼성전자의 가치(적정주가)는 10만 원×15(PER)=150만 원이 된다. 현재 주가 80만 원은 적정가치 150만 원에 비해 현저히 저평가 상태이므로 투자 매력이 있다고 판단된다.

만약 현대차의 지속 가능한 1주당 순이익이 3만 원이고 현재 주가는 21만 원이라고 하자. 그러면 PER은 7배가 되고 경쟁사인 '폭스바겐'이나 '도요타'의 PER이 10배라고 하면 경쟁사와 비교한 현대차의 가치

(적정주가)는 3만 원×10(PER)=30만 원이 된다. 그러므로 현대차의 현재 주가 21만 원은 적정가치인 30만 원에 비해 저평가 상태이다.

• 과거 이익보다 미래 이익이 중요하다

기업가치를 평가할 때는 과거나 현재의 이익보다는 미래의 이익에 주목해야 한다. 가장 최근 년도인 2010년도의 순이익으로 계산하였을 때 PER이 12인 이 회사의 2011년도 순이익이 50% 증가할 것으로 예상된다면 2011년 예상 PER은 8이 된다.

작년도 이익을 기준으로 산출한 PER보다는 올해 예상 이익 기준 PER이 더 의미가 있다. 한편 순이익이 일시적이며 향후 지속성이 없는 이익이라면 그러한 이익 수치로 평가한 PER은 의미가 없다.

• 성장가치의 프리미엄

PER이 시장평균 PER이나 다른 주식보다 특별히 비싸게 거래된다고 해도 고평가 상태라고 볼 수 없는 주식이 있다. 또한 시장평균 PER보다 현저히 낮은 가격으로 거래된다고 해도 저평가로 볼 수 없는 주식이 있다.

어떤 기업의 향후 시장 전망이 매우 좋아서 기업 수익의 미래 성장 속도가 시장평균이나 다른 기업의 2배 이상이라면, 그 주식의 PER은 시장평균보다 2배 이상이 되어야 맞다.

반대로 기업의 수익이 더 이상 성장하지 못하거나 줄어든다면 그 주식의 PER은 시장평균보다 낮더라도 싸다고 할 수 없다. 주식가치는 미래 성장가치를 매우 중요시하며, 성장 가능성이 높은 주식에 대해서는 프리미엄 가치를 부여한다. 따라서 PER을 기업가치의 판단지표로 사용하더라도 모든 경우에 동일하게 적용해서는 안 된다.

적정기준 PER

|  | 경기주 | 성장주 |
| --- | --- | --- |
| 적정 PER | 10배 내외 | 20~30배 |

○ 초보 주식 투자자가
  흔히 밟는 시행착오

박주식 씨는 주식 투자를 하기로 결심하고 은행에 예금하고 있던 3,000만 원을 가지고 A증권사에 계좌를 개설하였다.

초보 투자자가 처음으로 투자하기에 가장 안전한 것이 공모주 청약이라는 지인의 말에 따라 마침 청약 중인 '인포피아'라는 회사에 청약하였다. 공모가가 주당 5만 원인 이 회사는 휴대용 혈당측정기를 개발하여 제조, 판매하는 바이오 전문회사라고 소문이 난 까닭에 10 대

1이라는 높은 경쟁률을 보였다.

박주식 씨는 3,000만 원으로 청약을 했으나 300만 원어치에 해당하는 60주를 배정받았다. 상장 첫날 이 회사는 바이오 테마주로 인기몰이를 하여 상한가를 치더니 이후 며칠 동안 주가가 8만 5,000원까지 오르자 박주식 씨는 60주를 모두 처분하여 210만 원의 투자 수익을 올렸다. 그러나 9만 원까지 오르던 주가는 그 후 계속 떨어지기 시작하여 한 달 후에는 공모가보다 낮은 4만 5,000원까지 하락했다. 고점에 비하면 한마디로 반 토막이 난 것이다.

첫 투자에서 짭짤한 수익을 올려 자신감을 얻은 박주식 씨는 반 토막이 된 주가를 보면서 다시 주식을 매수하고 싶어졌다. 박주식 씨는 '인포피아'의 주가가 4만 8,000원까지 반등하자 과감하게 투자금을 모두 투입하여 모두 700주를 매수하였다. 그런데 불행하게도 매수한 그날부터 주가는 다시 하락하기 시작하여 두 달 후에는 박주식 씨가 매수한 가격의 거의 반 토막인 2만 5,000원까지 주가가 떨어졌다.

박주식 씨는 더 이상 참지 못하고 모두 매도하고 말았다. 총 3,000만 원이었던 초기 투자금은 이미 1,800만 원으로 줄어 있었다. 그날 이후 지금까지 박주식 씨는 원금을 회복하기 위하여 테마주나 급등주를 찾아 주식시장을 헤매고 있다.

[해설] 인포피아는 바이오 주식이라고 보기 어렵다. 혈당측정기는 휴대용 의료기기이며, 인포피아는 때마침 유행한 바이오 테마주 바람을 타고 운 좋게 과대평가되었으나 시간이 가면서 주가가 제자리를 찾아간 것이다. 단순히 주가가 고점 대비 반 토막이 났다고 해서 싸다고 판단해서는 안 된다. 그런 상황이라도 인포피아의 PER은 30이었으며, 의료기기 회사로서는 적정 PER인 15보다 두 배로 비싼 것이었다.

## 자산가치평가 : PBR

PBR은 PER의 보조지표로 쓰이는 평가도구로, 기업의 자산가치를 평가하는 지표다. PER과 마찬가지로 PBR이 낮을수록 저평가된 기업이다.

---
**PBR**
= 주가÷주당순자산 : 주당 개념
= 시가총액÷순자산총액(자기자본) : 기업 전체 개념

---

PER이 기업의 수익으로 주가를 판단하는 척도인데 비해, PBR은 현재 자산가치로 주가를 판단하는 척도라고 볼 수 있다. PBR이 높다는 것은 주가가 자산가치에 비해 비싸다는 것이고, PBR이 낮다는 것은 주가가 자산가치에 비해 싸다는 것을 의미한다. PBR이 1이면 그 기업의 주가가 순자산가치(청산가치)와 같다는 의미이다. 만약 PBR이 1보다 작으면 주가가 순자산가치(청산가치)보다 낮은 가격에서, 1보다 크면 순자산가치보다 비싼 가격에서 거래되고 있다는 의미이다.

PBR을 계산할 때 중요한 것이 B(장부 가격$^{Book\ value}$)이다. 장부 가격이 시장 가격과 비슷해야 의미가 있다. PER을 계산할 때 E(이익)가 지속 가능한 이익이어야 의미가 있는 것과 같은 것이다.

순자산가치를 장부상의 가격보다는 현재 시가로 평가하는 것이 합당하지만, 이렇게 하기에는 현실적으로 어려운 부분이 있다. 만약 투자 대상 회사의 보유 주식이 상장주식이라면 장부상 가격이 시장가치로 평가된 것이며, 자산가치에 대한 신뢰성도 높다.

만약 장부 가격$^{Book\ value}$이 현 시세보다 현저히 낮은 가격으로 기장되어 있고 시세를 객관적으로 추정할 수 있다면 장부 가격보다 실질 거래 가격으로 가치를 매겨야 타당하다.

적정기준 PBR

| 적정 PBR = 1 | 저평가(과소평가) | 고평가(과대평가) |
|---|---|---|
|  | PBR < 1 | PBR > 1 |

◎ PBR = 1 : 적정평가

시가총액 = (주가 × 발행 주식수)    순자산 = (현금+유가증권+부동산)

◎ PBR > 1 : 과대평가

시가총액 = (주가 × 발행 주식수)    순자산 = (현금+유가증권+부동산)

◎ PBR < 1 : 과소평가

시가총액 = (주가 × 발행 주식수)    순자산 = (현금+유가증권+부동산)

### 기타 참고할 만한 투자지표

• 자기자본이익률(ROE, %)=순이익÷자기자본

ROE는 순이익을 자기자본으로 나눈 뒤 100을 곱한 것으로, 자기자본의 운용 효율성을 나타내는 지표다. 예를 들어 A라는 기업의 자기자본이 100억 원이고 순이익이 5억 원이라면, ROE는 5%다. 이처럼 ROE는 자본을 투자하여 얼마나 많은 이익을 올렸는지 나타내는 지표이기 때문에 높을수록 좋다. 즉 기업의 자본 효율성은 높을수록 좋은 것이다. 만약 A, B회사 모두 PER은 같으나 A회사의 ROE가 더 높다면 B보다 투자하기에 좋은 회사이다.

• EV/EBITDA=총 기업가치(시가총액+차입금)÷영업현금흐름(영업이익+이자+세금+감가상각비)

기업의 현금 창출력이 총기업가치보다 얼마나 높게 혹은 낮게 평가되고 있는가를 나타내는 지표로, 현금흐름배수라고도 한다. 다시 말해 어떤 기업이 현재와 같이 수익(현금흐름)을 낼 경우 총기업가치만큼 버는 데 몇 년이 걸리느냐를 수치로 나타낸 것이다. PER과 마찬가지로 숫자가 낮을수록(투자자본의 회수기간이 짧을수록) 저평가된 것으로 판단하며, PER의 보조지표로 활용한다.

# 06. 기업가치의 변화 요인 Value Driver

## 업황과 기업가치

주식 투자의 성공 비결은 다음과 같다.

첫째, 경기가 좋아지고 있는 업종을 선택한다.
둘째, 선택한 업종 내에서 가장 경쟁력이 뛰어난 기업을 선택해서 투자한다.

그러나 투자의 천재가 아닌 이상 이러한 기업을 찾아내는 것은 매우 어렵다. 설혹 운 좋게 그러한 기업을 찾았다고 하더라도 그 주식을 너무 비싸게 산다면 결국 실패할 가능성이 많다.

사실 그러한 기업의 주식은 십중팔구 비싸게 사기 마련이다. 이미 주가에 그 기업에 대한 평가가 미리 반영되어 충분히 비싸져 있기 때문이다.

현명한 투자는 다음의 요건을 고려해야 한다.

첫째, 최고의 성장산업인지 확신할 수 없지만, '안정적인 성장산업'을 선택한다.
둘째, 그 업종 내에서 가장 경쟁력이 뛰어난 기업이 아니더라도 상당한 경쟁력이 있는, 즉 안정적인 시장점유율을 확보하고 있는 우량기업을 선택한다. 그리고 그 기업의 주식을 '적정한 가격'에 매수하는 것을 목표로 해야 한다.

적정한 가격이란 그 주식의 가치보다 상당히 낮은 가격을 말한다. 좋은 주식을 할인 가격에 매수하기 위해서는 현명한 투자자는 변덕스런 시장 가격에 휘둘리지 않고, '시장 가격'과 '기업가치'를 분리해서 볼 줄 알아야 한다.

## ○ 업황과 수익의 관계

한섬은 패션섬유 업종 중 대표적인 우량기업으로 브랜드 지명도가 높다. 고급 여성의류를 제작하는 회사로 시장지배력도 있고, 과거 5년간 안정적인 성장과 수익성을 보였으며, 탄탄한 재무구조를 갖추고 있다.

이 회사는 2010년 8월경에 SK네트웍스가 인수를 추진하면서 1만 6,000원대이던 주가가 2만 900원까지 급등했다. 그러나 인수 협상이 늦어지면서 3개월 만에 주가는 다시 제자리로 돌아왔다.

**차트 5** 한섬 일간차트

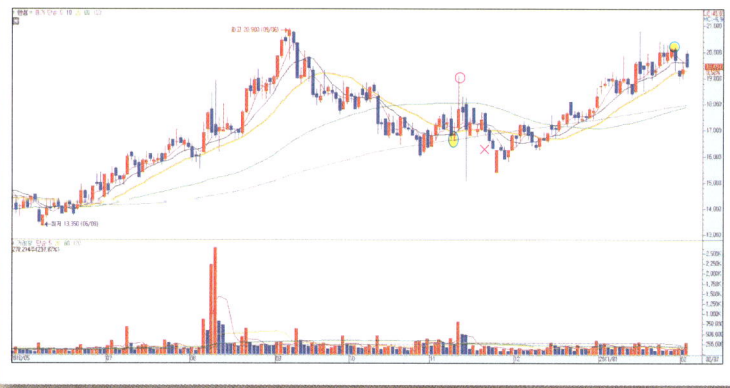

필자가 2010년 11월 9일 이 종목을 추천할 당시에 주가는 1만 6,500원이었는데, 3분기까지의 실적을 바탕으로 추정한 PER(2010년 예상 실적 기준)은 6배 수준으로 업종 평균 PER(10배)에 비해 저평가된 상태라고 판단했다.

4분기는 패션의류업의 성수기인 데다가, 혹한 덕분에 예년보다 분기 실적이 더 좋을 것으로 예상되었다. 3개월 후인 2011년 2월 1일 발표된 한섬의 2010년 4분기 실적은 전년 대비 순이익이 56%나 증가한 것으로 나타났다.

2011년 2월 7일, 한섬의 주가는 2만 원, PER은 7배 수준으로 높아졌다. 2010년 11월부터 3개월간 이 회사의 주식을 보유했다면 20%의 투자 수익을 얻었을 것이다.

현명한 투자자라면 2만 원에 매도한 후 적절한 투자 수익(20%)에 만족하는 것이 좋다. 의류업황은 계절 효과가 뚜렷하고 대부분의 실적이 겨울철 호황기에 나오기 때문에, 4분기 실적이 발표 전에 매도(차익 실현)하는 것이 현명하다.

실적 발표와 동시에 기관들이 팔아치우기 때문에 실적 발표 후 상당기간 동안 주가는 약세를 보이는 경향이 있다. 더 싼 가격에 재매수할 기회가 올 수 있다.

요컨대 성공 투자의 비결은 최고 성장 산업과 최고 경쟁력을 가진 기업의 주식을 선택하는 것이라기보다는 '좋은 주식'을 '적당한 가격'에 매수해서 '적당한 투자 수익'을 목표로 하는 것이다. 주식시장에서는 '천재적인 투자자'보다 '현명한 투자자'가 되어야 한다.

## 업황을 읽는 방법

**비즈니스 사이클을 읽어라**

좋은 주식을 찾으려면 업황이 좋은 업종에서 찾아야 한다. 경기가 호황이고 주식시장이 강세장 랠리를 펼치더라도 모든 업종이 다 호황일 수는 없다. 또 호황 업종 중에서도 특히 경기를 주도하는 업종이 있기 마련이다. 투자 수익을 잘 내기 위해서는 가급적 주도 업종 내에서 종목을 골라야 한다.

그런데 주도 업종은 한 개의 주도 업종이 처음부터 끝까지 계속 주도하는 것이 아니고 경기사이클이 진행되면서 몇 개의 업종이 업종 간 시차를 두고 순환하게 된다. 호경기가 시작되는 초기에는 기업들이 제품제조를 위한 원자재 수요가 증가하고 수요 증가로 가격도 올라가므로 원자재를 생산하는 기업들의 업황이 좋아진다.

그다음으로는 원자재 운송량이 늘어나므로 운송업이 좋아진다. 매입한 원자재로 제품 생산에 투입되는 기초 소재를 생산 가공하는 소재업이 좋아지고 이러한 소재를 투입해서 제품을 생산한 제조업이 매출 증가로 업황이 좋아진다.

그다음에는 제조회사에서 생산한 제품을 유통 판매하는 회사들의 업황이 좋아지고, 시중의 자금의 흐름도 활발해지면 금융업과 서비스 업황도 좋아지게 된다.

그림 4 경기사이클 진행과 주도 업종

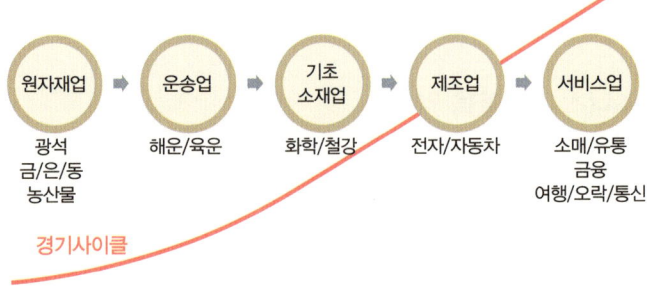

## 분기 실적 발표 내용에 주목하라

투자 대상 기업의 업황을 파악하려면 그 회사의 영업 보고서를 읽어봐야 한다. 영업 보고서는 상장기업의 경우 매분기 의무적으로 공시되므로 분기 사업 보고서의 '사업 내용' 편을 읽어보면 현재의 업황이 잘 설명되어 있다.

그리고 분기 사업 보고서를 발표할 때는 투자자들을 대상으로 분기 실적 발표회Conference Call를 한다. 만약 당신이 투자자이거나 또는 투자를 고려하고 있다면 분기 실적 발표회에 참석하여 CEO가 발표하는 그 회사의 다음 분기의 업황 전망을 참고하는 것이 좋다.

CEO의 업황 전망은 매우 신뢰할 만하다. 다만 CEO 본인의 의욕치와 객관적인 전망치를 잘 구별해서 판단해야 한다.

**그림 5** 분기 사업 보고서_ 사업의 내용

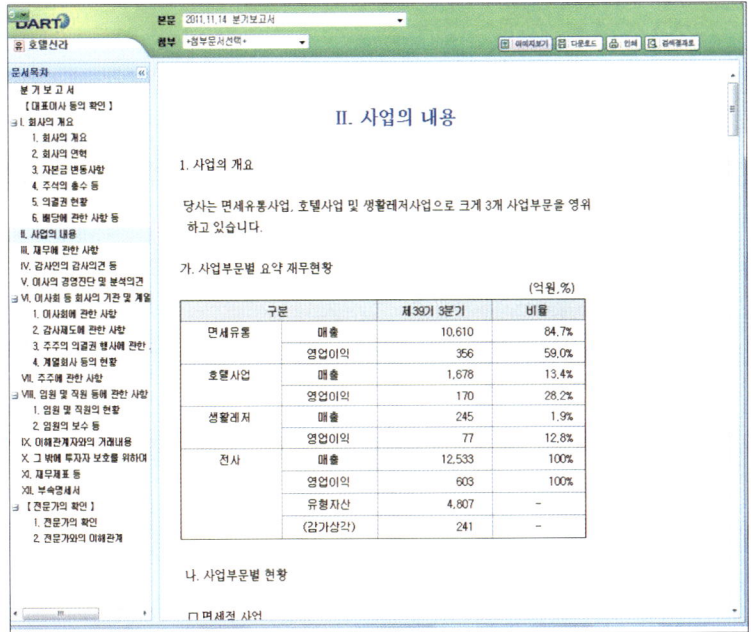

### 증권사 종목 투자 의견서를 살펴라

대부분의 상장사는 각 증권사의 리서치 부서에서 정기적으로 또는 수시로 투자 의견서(기업 분석 보고서)를 발간한다. 투자 대상 기업이 업황과 실적 전망치는 대개 종목 분석을 담당하는 애널리스트의 의견을 참조할 만하다.

그러나 기업 분석 보고서의 투자 의견은 그 종목을 분석한 담당 애널리스트의 개인 의견이므로 맹목적으로 믿어서는 안 된다. 애널리스트들의 개인적인 분석 능력에 따라 예측치가 다르다. 또한 예측치가 대부분 비슷하다고 해서 반드시 정답도 아니다. 여러 개 기관의 자료를 비교하고, 기간을 두고 지속적으로 체크해서 투자자 본인이 판단해야 한다.

## 업종별 선행지표

어떤 업황이 좋아질 것인지 나빠질 것인지를 예고하는 선행지표가 있다. 다만 일반 투자자들의 눈에는 잘 보이지 않기 때문에 모르는 것일 뿐이다.

투자자가 업황의 선행지표를 잘 읽으면 어떤 업종이 경기가 조만간 좋아질 것인지, 호경기가 지속될 것인지, 또는 경기가 나빠질 것인지 등을 미리 알아차릴 수 있다.

**표 10** 업종별 선행지표

| 업종 | 선행지표(Driver) | |
|---|---|---|
| | 수요(매출) 요인 | 공급(원가) 요인 |
| 해운 | BDI(해상운임지수) | 국제 유가 |
| 소매/유통 | 소득, 소비 | 수입 원자재 가격, 환율 |
| 조선/기계/ 건설 | 수주, 경기 | 원자재, 금리 |

| 금융<br>(은행, 증권, 보험) | 대출금리 | 기준(예금)금리 |
| --- | --- | --- |
| 식품 | 소비 | 농산물 가격 |
| 자동차 | 소득, 소비, 인구, 환율 | 국제 유가, 원자재 가격 |
| 기술주(IT) | 소득, 소비 | 국제 반도체 가격 |
| 에너지/석유화학 | 경기 | 국제 유가, 환율 |
| 제지 | 경기 | 펄프 가격 |

## ○ 고려아연과 금

2009년 9월경, 금 가격이 사상 최고가인 온스당 1,000달러를 돌파하면서 향후 가격 전망이 더욱 관심이 집중되었다. 대부분 전문가들은 향후에도 금 가격은 꾸준히 상승 추세를 이어갈 것으로 예상했다. 왜냐하면 금의 공급은 제한되어 있는데다가 수요는 꾸준히 늘어날 수밖에 없는 근거가 많기 때문이었다.

금은 다른 물가가 상승하면(인플레) 그보다 더 빨리 가격이 오르고, 다른 물가가 하락하더라도(디플레) 금 가격은 떨어지지 않는 특징을 가지고 있기 때문에 금 투자는 물가상승에 대한 방어(인플레이션 헤지)

수단도 되고, 자산가치 하락을 방어(디플레이션 헤지)하는 수단도 된다. 그리고 이제 금은 상품보다는 대체 통화로의 수요가 더 늘어나고 있다. 그래서 각국의 중앙은행들이 금을 계속 사들이고 있다.

그래서 해외에서는 금광산주가 초강세를 이어가고 있다. 필자가 국내에서 금광산주를 찾아보았으나 이미 국내에는 금광이 모두 폐쇄되어 상장주식 중에 금광주는 없었다. 그래서 제련회사를 조사하다가 우연히 고려아연의 기업 분석 리포트를 보게 되었다. 거기서 아연을 제련하는 과정에서 부산물로 금과 은이 많이 생산된다는 것을 발견하였다. 부산물인 금과 은의 매출 비중은 각각 5%와 20% 정도였지만, 전체 이익에의 기여도는 40%나 된다는 분석이었다.

한국 증시에서 금 관련주는 바로 고려아연이다.

금 가격 차트와 고려아연의 주가차트를 과거 2005년부터 비교해

**차트 6** 금과 고려아연의 주가차트 비교(2005~2010년)

보니 고려아연의 주가는 금 가격에 뒤따라오는 동조화의 흐름을 보였다. 금 가격은 바로 고려아연 주가의 선행지표인 것이다.

2009년 9월 고려아연의 주가가 14만 원이었을 때 필자의 포트폴리오에 편입한 금 대용주인 고려아연의 주가는 1년 만인 2010년 9월에 28만 원으로 상승하여 100%의 수익률을 기록했다. 같은 기간 금 가격은 온스당 1,000달러에서 온스당 1,300달러로 올랐다.

### 중국 경기는 세계 경기의 선행지표이다

현재 세계 경기를 이끌고 있는 나라는 중국이며 앞으로도 20년 이상 장기간 그러할 것으로 전망되고 있다. 따라서 중국 경기는 세계 경기의 선행지표 역할을 한다고 볼 수 있다.

중국 경기의 동향을 잘 관찰하고 이해하면 세계 경기와 세계 증시의 방향을 예측할 수 있다. 중국의 경제가 성장하고 경기지표가 좋아지면 세계 경기가 좋아지고, 중국의 경기가 악화되어 경기지표가 나빠지면 세계 경기도 악화된다.

그동안 세계 증시를 이끌어오던 미국은 2008년 글로벌 신용위기 이후 성장동력이 크게 약화되었고, 세계 경기의 주도권은 중국으로 이동 중이다.

그림 6  중국 경기의 파급 과정

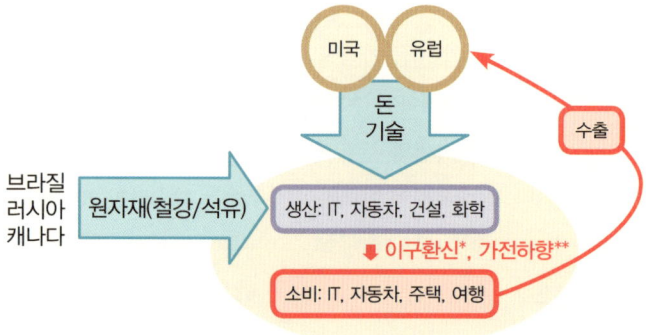

유럽과 미국의 글로벌 유동성(돈)과 기술이 중국으로 유입되어 중국은 세계의 산업기지로 변모하고 있다. 또한 13억 인구의 중국인들은 소득 증가로 인해 점차 세계 경제의 소비주체로 떠오르고 있다. 또한 중국 경기의 흐름은 세계 경제에 물결 효과***를 일으키고 있다.

* **이구환신** : 자동차나 가전제품을 구형을 신형으로 교체 매매를 할 경우 보조금을 지급하여 가전제품과 자동차의 신제품 구매를 촉진시키는 경기부양 정책을 말한다.

** **가전하향** : 농촌에 가전제품 구매티켓을 공짜로 나누어 주어 가전제품을 구매하게 해주는 농촌의 복지증대 정책을 말한다.

*** **물결 효과(Ripple Effect)** : 연못 가운데 작은 돌멩이 하나를 던지면 그것이 물결을 만들고 그 물결은 점점 주변으로 확산되어 마침내 연못 가장자리까지 더 큰 파도를 이루며 퍼진다. 이처럼 어떤 한 기업이나 한 업종에서 파급된 경제적 효과도 이처럼 다른 산업과 다른 국가로 확산되는 효과가 나타나게 된다.

중국이 생산하는 제품의 원자재는 브라질, 러시아, 캐나다, 호주 등 자원 보유국으로부터 수입되므로 생산이 증가하면 원자재를 수출하는 국가들의 경기가 호황을 누린다.

그리고 13억의 인구가 소비하는 제품을 중국으로 수출하는 국가의 업종 역시 호황을 누리는 것은 당연하다. 우리나라가 중국의 경제성장으로 가장 큰 수혜를 입는 업종은 IT와 자동차이며, 철강, 화학과 같은 소재 업종도 수혜가 크다.

또 중국인들의 소득이 증가하면서 중국인 관광객이 한국으로 쏟아져 들어오는 덕분에 백화점이나 화장품 같은 내수업종까지 수혜를 입게 된다.

### BDI를 보면 해운업황이 보인다

발틱운임지수(BDI, Baltic Dry Index)는 발틱해에서 무역에 들어가는 선박과 석탄의 가격, 선원의 임금 등을 지표화한 것이다. 발틱운임지수가 상승한다는 것은 해운업이 좋아지고 있음을 의미한다. 세계 무역이 증가하여 해상 물동량이 늘어나기 때문에 해운업의 운송운임 가격이 올라가는 것이다.

세계 무역이 증가한다는 것은 세계 경기가 좋아지고 있다는 징후이므로 BDI는 또한 세계 주식시장의 선행지표가 된다. BDI가 상승하면 얼마 지나지 않아 뉴욕다우지수가 상승하고, BDI가 하락하면 뉴욕다우지수 역시 며칠 후에 하락한다.

**차트 7** BDI와 SP500지수 비교

    2003년부터 2007년까지 상품 가격이 오름에 따라 BDI 역시 비정상적으로 상승했다. 동시에 세계 주식시장에도 거품이 형성되었다. 그리고 2008년에 BDI가 폭락하자 뉴욕 증시도 함께 급락했다. 그런데 2009년 초부터 BDI가 반등하기 시작했고, 세계 증시도 그 이후 반등했다. BDI는 이렇게 세계 증시의 선행지표 역할을 하고 있다.*

    BDI가 상승한다는 것은 해운업종의 경기가 좋아지고 있다는 예고지표다. 따라서 해운회사들의 분기 실적이 발표되기 전이라도 BDI를 통하여 간접적으로 이미 분기 실적의 호전을 예상할 수 있다. 또한 해운업황이 상승세를 타면 선박에 대한 수요가 증가하므로 조선업황도 좋아지게 된다.

---

\* BDI는 한국해양수산개발원 홈페이지에서 매일 발표하고 있다. Investment tools.com에서는 가격흐름을 차트로 매일 업데이트하여 제공한다.

### 국제 원자재 가격을 보면 에너지, 화학주가 보인다

국제 상품(원자재)시장에서 원자재 가격이 저가 수준에서 상승 추세로 돌아서며 점차 상승하면 원자재에 대한 수요가 증가하고 있다는 신호이다. 그것은 또한 그 원자재를 원료로 하는 산업의 업황이 좋아지고 있다는 신호다.

그런데 주의할 점은 원자재시장에 공급 부족 현상이 발생하여 가격이 갑자기 급등할 때 이는 업황과 무관하며, 오히려 해당 업종의 원가 부담으로 기업수지가 나빠지게 된다.

이러한 경우는 원자재 가격 상승이 오히려 해당 업종의 주가 하락 요인이 되기 때문에 주의해서 판단해야 한다. 천재지변으로 광산이 붕괴하거나 지진이나 해일로 원자재 운반에 곤란을 겪에 되는 경우가 대표적인 사례이다.

• **국제 유가(원유)가 상승하면 석유화학 주식을 사라**

국제 유가가 올라가면 이는 석유화학 제품의 원료 수요가 증가하기 때문이며 석유화학의 업황이 좋아지고 있다는 신호다. 석유화학 제품의 수요가 증가하면 제품 가격이 올라가서 제품 이윤이 좋아지면 매출과 이익이 증가하기 마련이다. 그러므로 이때는 정유주나 화학주를 사면 된다.

* 국제 원자재 가격 차트는 대부분의 증권사 HTS에서 매일 업데이트하고 있어 이용이 가능하다.

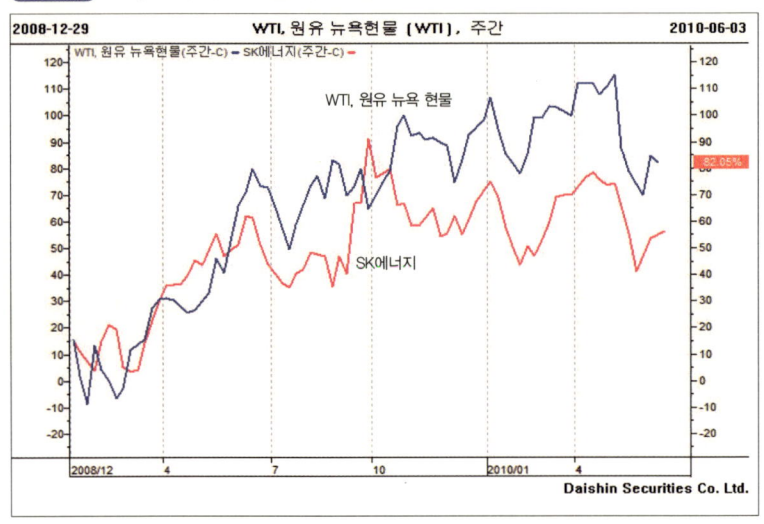

차트 8  WTI, 원유 뉴욕 현물과 SK에너지 비교(2009~2010년)

• 펄프 가격을 보면 제지주가 보인다

국제 펄프 가격은 제지업황을 판단하는 선행지표다. 펄프 가격이 상승한다는 것은 제지공장에서 원재료의 수요가 증가하고 있다는 것이고, 제지업종이 호황임을 뜻한다. 따라서 실적이 아직 호전되지 않았더라도 조만간 개선될 것이라고 예상할 수 있다.

그러나 기상 이변이나 지진 발생 등 천재지변으로 인해 삼림이 파괴되거나, 펄프공장의 가동 중단으로 공급 부족이 일어나서 펄프 가격이 급등하게 되는 경우는 오히려 제지회사들의 원가부담이 커져서 기업수지가 악화된다.

국제 펄프 가격의 움직임에 이런 비정상적 요인이 작용하고 있는지도 체크해보아야 한다. 그런데 이런 분석 내용은 증권사에서 발간하는 기업 분석 보고서에서 잘 나와 있으므로 꼼꼼하게 살펴보면 충분히 투자에 활용할 수 있다.

• 구리(銅) 가격을 보면 구리 관련주가 보인다

구리 등 금속 가격이 상승한다는 것은 전선이나 동판 등 금속 관련 제품을 생산하는 회사에서 원재료 수요가 많다는 것이고, 이는 금속 관련 업황이 좋아지고 있음을 의미한다.

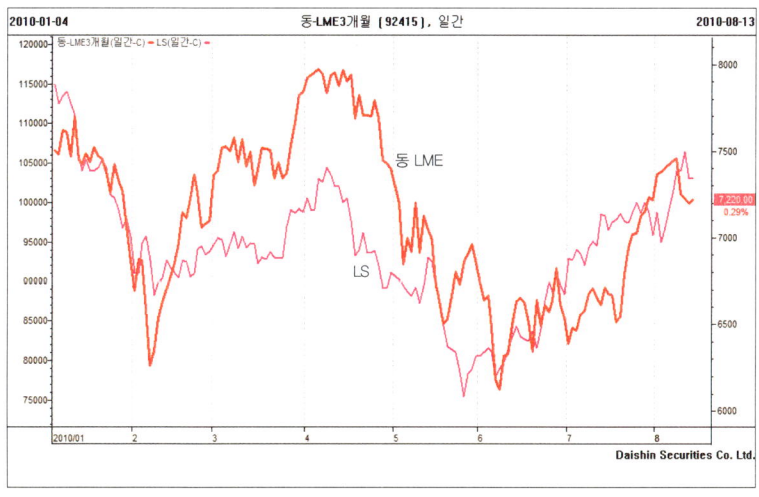

차트 9 ▸ 동 LME와 LS 비교(2010년)

• 철강업의 선행지표는 상해종합지수다

세계 철강제품에 대한 수요의 절반 정도가 중국에서 발생한다. 중국이 세계의 생산기지이고 투입되는 철강이 많기 때문이다. 그 때문에 전 세계 철강제품의 가격도 중국이 결정권을 가지고 있다.

이러한 이유로 세계 철강업황은 중국 경기에 의해 결정되며, 이것은 곧바로 상하이 증시에 반영된다. 따라서 상해종합지수는 철강업의 선행지수 역할을 한다.

〈차트 10〉에서 철강업종의 대표주인 포스코POSCO의 주가와 상해종합지수를 비교하면 그 관계를 분명히 알 수 있다.

차트 10 포스코와 중국상해종합지수 비교(2006~2010년)

• 국제 곡물 가격을 보면 식품주가 보인다

국제 농산물(곡물) 가격은 식품업종의 선행지표다. 곡물 가격의 등락도 다른 원자재와 마찬가지로 기본적으로는 수요에 의해 영향을 받지만, 공급 요인에 의한 영향이 더 크다는 점에서 일반 원자재와는 성격이 조금 다르다. 국제 농산물 가격의 상승은 농산물을 재료로 해서 만드는 식품의 수요 증가보다는 이상기후 등으로 인한 작황 부진으로 말미암은 공급 부족이 주요 원인이다.

곡물 가격이 올라가면 원가부담이 늘어나 식품회사의 이익은 감소하는데, 경기가 좋든 나쁘든 식품의 수요에는 큰 변화가 없어 원가 상승분을 즉시 제품 가격에 전가하기 어렵기 때문이다.

2010년 7월 전 세계적인 이상기후로 곡물의 작황이 나빠져 안정세에 있던 원당과 밀 가격이 급등했다. 따라서 원당을 원료로 설탕을 제조하는 제당회사(CJ제일제당, 대한제당)들과 밀을 원료로 밀가루를 생산하는 제분회사(CJ제일제당, 대한제분)들의 제품 생산원가가 올라가 이익이 줄었음을 짐작할 수 있다.

그래서 식품주를 보유하고 있는 투자자는 국제 곡물 가격의 추이를 항상 관심 있게 지켜보고 있어야 한다. 예를 늘어 국제 밀 가격의 하락을 예상한 투자자가 대한제분의 주식을 매수하여 보유하고 있다면 국제 밀 가격이 급등하기 시작하면 매도해야 한다.

**차트 11** 밀 가격과 대한제분 주가 비교(2010년)

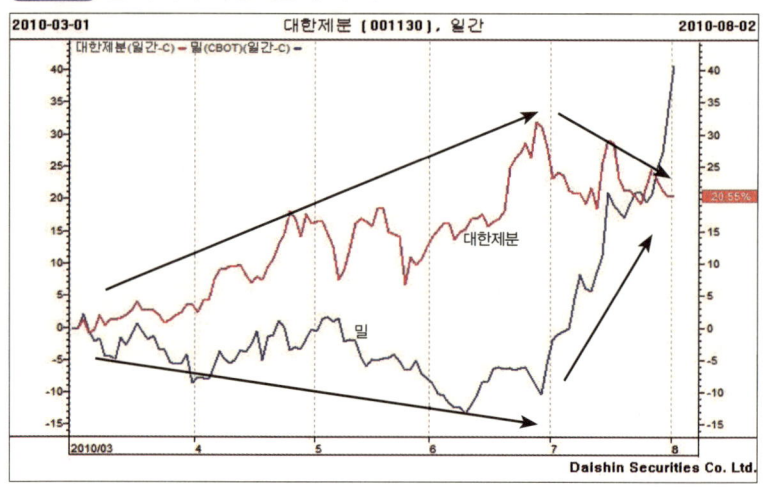

**차트 12** 설탕(원당)과 CJ제일제당 주가 비교(2010년)

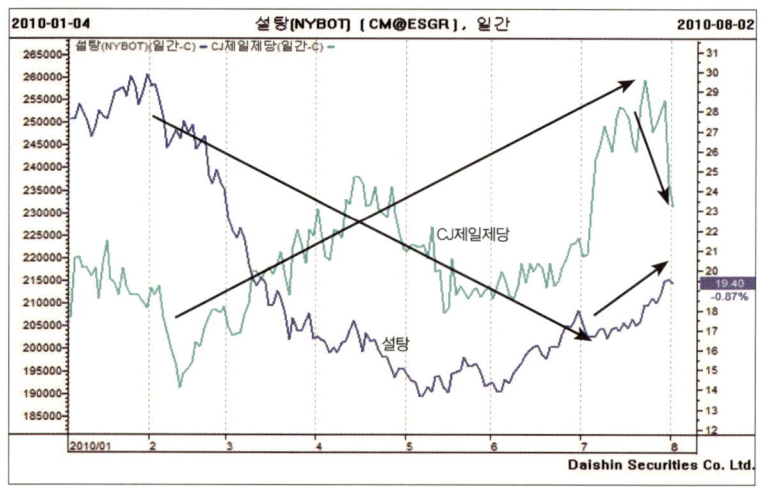

## 환율을 읽으면 수출주와 내수주가 보인다

환율이 상승(원화가치 하락)하면 수출기업에는 호재이고,
내수기업에는 악재이다.
환율이 하락(원화가치 상승)하면 내수기업에 호재이고,
수출기업에는 악재이다.

환율이 떨어져서 원화가치가 상승하면 수출액이 감소한다. 똑같은 1억 달러를 수출해도 환율이 1,200원일 때는 1,200억 원의 자금이 들어오지만, 환율이 1,100원으로 떨어지면 1,100억 원의 자금밖에 안 들어오기 때문이다. 수출 기업의 입장에서는 수익이 줄어들어 주가 하락의 원인이 된다. 반대로 원자재를 국외에서 수입하는 내수 기업의 입장에서는 원재료 구입 비용이 줄어들기 때문에 기업 수익이 증가한다.

또 환율 하락은 원화의 구매력을 증가시키므로 해외 여행자가 늘어나고 수입 원재료 가격이 하락하여 내수경기가 좋아지게 된다. 수혜업종은 여행 관련 항공업, 음식료업, 유통업(백화점) 등이다.

추세로 볼 때 환율 하락이 예상된다면 이러한 업종의 주식을 매수하는 것이 좋다. 한편 위안화가 절상되면 위안화의 구매력이 커져 중국인 관광객이 증가하므로 국내 항공사와 여행사 및 백화점 경기가 좋아지는 효과도 있다.

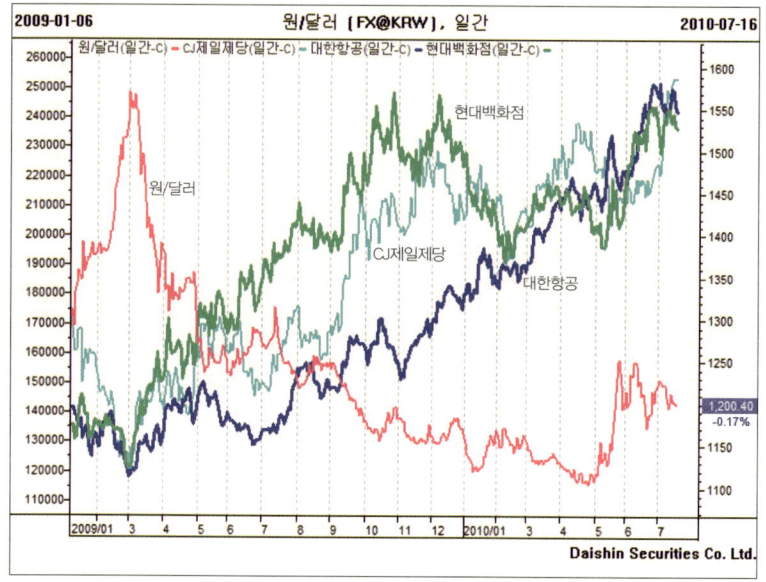

차트 13  원·달러 환율과 CJ제일제당, 대한항공, 현대백화점 주가 비교

## 금리는 금융주의 선행지표다

금융업은 예금이나 차입금으로 조달한 자금으로 대출을 하거나 채권 투자를 하는 것이 주 업무이므로 판매하는 상품구조와 그 상품을 제조하는 원가구조의 기본은 모두 금리다. 따라서 금리가 올라가거나 내려가면 금융업의 수익도 그에 따라 늘어나거나 줄어들게 된다. 따라서 금리는 금융주 주가의 선행지표가 된다.

그렇다면 금리가 올라가면 금융업종의 수익도 늘어날까? 반드시 그렇지는 않다. 금리와 금융업의 수익관계는 조금 복잡하다. 정부에서 기준금리를 올리게 되면 은행의 조달금리(차입금리와 예금금리)[*]가 올라가므로 은행의 입장에서는 제품원가가 상승하는 셈이다. 그런데 은행의 대출상품은 조달금리에 일정한 마진을 붙이므로 결국 대출금리를 올리게 된다.

만약 조달금리 인상분보다 대출금리를 더 많이 올리게 되면 은행의 예대마진이 커져서 은행의 수익은 늘어나게 된다. 또 예금금리와 대출금리를 똑같은 폭으로 올리더라도 예금금리는 천천히 올리고, 대출금리는 즉시 올리게 되면 시차 효과로 은행 수익은 증가한다. 일반적으로 한국 금융회사의 예금금리는 고정금리 체계이고 대출금리는 변동금리 체계이기 때문에 다음과 같은 등식이 성립된다.

기준금리 인상 → 대출금리 인상 ➡ 수익 증가

한편 금융회사가 보유하고 있는 투자 채권을 살펴보면, 금리가 올라갈 때 보유 채권의 가격이 하락하므로 채권평가손실이 발생한다.** 채권가치와 금리와는 역상관 관계(채권과 금리 부분 참고)에 있기 때문이다. 대체로 한국의 금융회사들은 자금의 운용구조가 채권 투자보다는 대

* **조달금리** : 은행 내부의 기준금리를 뜻하며, 대출자금을 조달할 때 드는 금융 비용의 금리를 말한다.

** **예대마진** : 대출로 받은 평균 이자에서 고객에게 돌려준 평균 이자를 뺀 나머지 부분으로, 예금금리와 대출금리의 차이로 금융기관의 수입이 되는 부분을 말한다. 예대마진이 늘어나면 금융기관의 수입은 그만큼 늘어나게 된다.

출이 훨씬 많기 때문에 금리가 올라가면 수익도 늘어나는 것이 일반적이다.

• 금리인상 수혜가 가장 큰 업종은 보험업

금리인상이 보험업에 미치는 영향은 긍정적인 면과 부정적인 면으로 나뉜다. 긍정적인 측면은 자금운용에서 대출이자의 수입이 증가하는 것이다. 부정적인 측면은 금리가 인상되면 보험사가 투자해놓은 채권의 가치가 하락하여 평가손실이 발생하는 것이다.

한국의 보험사는 자금운용에 있어서 채권 투자보다 대출의 비중이 더 크다. 따라서 긍적적인 효과가 훨씬 크기 때문에 금리인상은 일반적으로 보험업에 수혜가 되며, 주가 상승의 모멘텀Momentum으로 작용하게 된다.

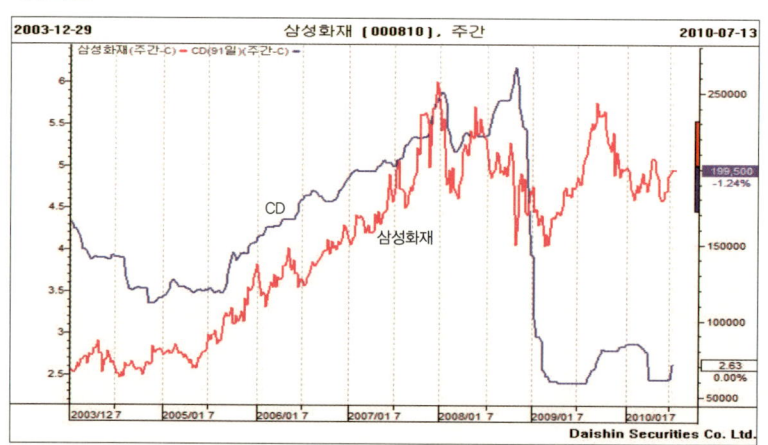

차트 14  삼성화재 주가와 CD 금리 비교

## 세계 반도체 가격은 기술주의 선행지표다

기술주의 선행지표는 D램과 낸드플래시 등과 같은 반도체 가격이다. 반도체는 IT 제품의 원재료이다. 원재료 가격이 올라가는 것은 제품 제조를 위한 주문이 많기 때문이며, 이것은 또한 IT 제품에 대한 수요가 많다는 의미다.

기업이 제품을 판매해서 실적으로 나타나기 전에 이미 원자재 가격의 움직임을 보고 기업의 실적을 사전에 알아차릴 수 있다.

**차트 15** 하이닉스와 필라델피아반도체지수 비교

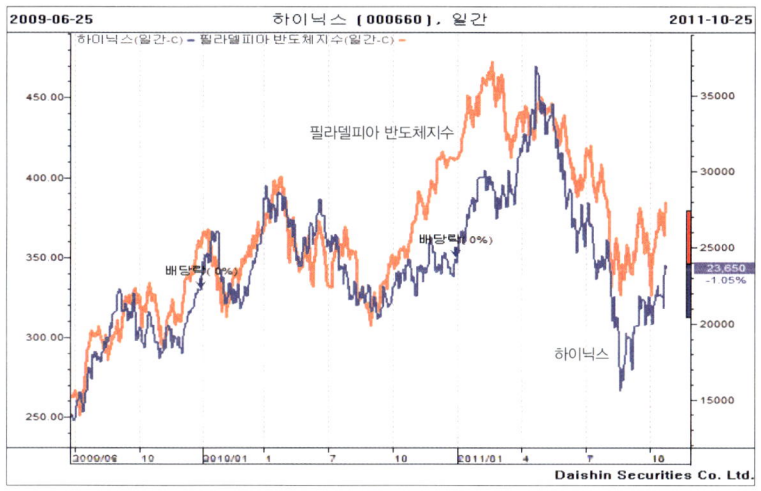

# 07. 주도 업종과 주도주

　주도주란 전체 시장의 주가를 이끌어가는 중심에 있는 업종과 종목을 말하는데, 그 수명이 짧게는 1년, 길게는 2~3년 정도 이어진다. 그리고 경기를 선도하는 주식이므로 대체로 경기 사이클과 같은 사이클을 그린다.

## 패러다임의 변화를 읽어라 : 장기 주도주

　경제사회가 변화함에 따라 주식시장도 그 시대 상황을 반영한다.

사회의 패러다임이 바뀌면 새로운 주도주가 탄생하므로 주식 투자자는 사회나 경제의 큰 틀이 바뀌는 구조 변화$^{Paradigm\ Shift}$를 포착하는 것이 무엇보다 중요하다.

그러한 사회경제의 큰 틀이 바뀌면서 장기 테마를 형성하고, 또 그 테마 업종의 경기가 전반적인 경제를 선도하면서 장기 성장 국면으로 진입하게 되며 그것이 곧 주도주가 된다.

2008년 세계금융위기로 글로벌 증시가 붕괴된 이후 세계는 거대한 구조 변화를 겪고 있다. 구조 변화에 의한 생산과 소비 패턴의 변화로 증시는 2009년부터 새로운 주도 업종과 주도주가 경기 사이클을 만들었다.

새로운 패러다임의 변화는 다음 〈표 11〉로 간단히 표시할 수 있다.

표 11 패러다임의 변화

| | | |
|---|---|---|
| 주도국가 | 미국(선진국) ➡ | 중국(아시아) |
| 인구 구조 | 노령화<br>(Baby Boomer 은퇴) | 젊은층 인구 증가 |
| 소비 패턴 | 소비 둔화 / 저축 증가 | 소득과 소비 증가 |
| 기술혁신 | 모바일 인터넷 / 친환경 에너지 | |
| 유동성 이동 | 선진국 투자 자금의 아시아 시장 유입 | |

IT 분야는 미국의 애플 사가 아이폰으로 모바일(무선)통신 기술혁신을 주도하였으며, 10년 전 유선 인터넷 통신 혁명에 이어 10년 만에 새로운 기술혁신 사이클에 진입했다.

　그런데 과거와 달리 신제품의 소비주체는 미국에서 중국으로 바뀌었다. 중국이라는 새로운 소비의 흐름이 물결효과를 일으키며 미국을 비롯한 선진국으로 파급되고 있다. 바로 이러한 미국 소비의 퇴조와 거대한 중국 소비의 부상이 패러다임의 변화다.

**표 12** 시대별 주도주의 변화

| 년도 | 1990년대 이전 | 2000년대 이후 | 글로벌 신용위기 이후 |
|---|---|---|---|
| 주도국 | 미국 | 미국과 중국 | 중국 |
| 주도 업종 | 인터넷주 | 중국 산업주 (조선/철강/화학) | 1. 모바일 인터넷 신기술주<br>2. 에너지 주<br>　• 구에너지 : 정유/화학<br>　• 신에너지 : 태양광/풍력 |

　자동차는 19세기 말~20세기 초 유럽에서 발명된 이후 100년 만에 기술혁신에 돌입하고 있는데, 가솔린 자동차에서 2차 전지를 사용하는 전기 자동차로의 진화이며, 소비주체는 유럽에서 미국을 거쳐 중국으로 이전되고 있다.

　한국은 2008년 세계 금융위기로 미국 자동차산업이 몰락하고 일본

도요타 자동차의 쇠퇴로 경쟁사보다 경쟁력이 상대적으로 강화되어 세계 시장점유율을 급속히 확대하고 있다.

**표 13** 테마별 주도주

| 장기 테마 | 주도주 |
|---|---|
| 모바일 통신<br>콘텐츠 | 삼성전자<br>에스엠/엔씨소프트/게임빌 |
| 자동차 | 현대차, 기아차, 현대모비스 |
| 에너지<br>태양에너지 | LG화학, SK에너지, OCI |

## 업종 간 순환 과정을 파악하라

일단 주도주(주도 업종)가 랠리를 시작하면 시장의 리더가 되어 주식시장 전체를 이끌어가게 된다. 이러한 주도주 중심의 랠리는 단기적으로는 과열 국면으로 치달아 오버슈팅$^{Over\ Shooting*}$하게 되며, 오버슈팅한 주가는 차익실현을 위한 매도 물량 때문에 어느 정도 조정을 하게 된다. 그래서 랠리와 조정은 패키지 상품처럼 몇 차례 반복하면서 장기 성장궤도를 따라 긴 랠리를 이어가게 된다.

* **오버슈팅(Over Shooting)** : 경제의 각종 가격 변수가 일시적으로 급등 또는 급락하는 현상을 말한다.

**그림 7** 장기 주도주의 궤적

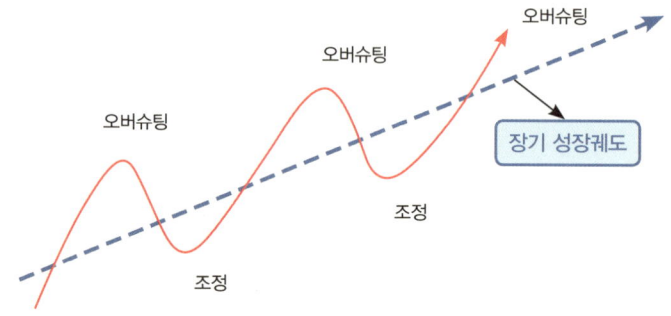

주도주가 조정을 하는 기간에는 그동안 소외되어 있던 다른 업종에서 순환랠리가 나타나게 된다. 그래서 단기적으로 볼 때 주도주가 다른 업종으로 이동하게 되고, 결국에는 업종별로 주가 상승폭이 비슷하게 나타난다. 이것을 업종 간 '키 맞추기 현상'이라고 부르기도 한다. 결국 나중에는 주도 업종이나 비주도 업종이나 투자 수익률은 비슷하게 나타난다.

실물경기에 미치는 효과도 마찬가지인데, 주도 업종의 경기가 물결효과를 일으키며 타 업종으로 파급되므로 그것이 기업 실적과 주가에 반영된다.

> IT(주도 업종) ➡ 소재 ➡ 조립 ➡ 부품 ➡ 유통 ➡ 금융 ➡ IT
> 물결 효과로 인해 업종 간 순환이 이루어짐

표 14 업종별 대표주

| 업종 | 대표주 |
|---|---|
| 전기전자 | 삼성전자, 삼성전기 |
| 자동차 | 현대차, 기아차 |
| 화학(소재) | LG화학 |
| 정유 | SK에너지 |
| 식품 | CJ제일제당, 농심 |
| 인터넷 | NHN |
| 제약 | 동아제약, 녹십자 |
| 철강 | 포스코, 현대제철 |
| 화장품 | 아모레퍼시픽, LG생활건강 |
| 금융 | 신한지주, 삼성증권, 삼성화재 |
| 운송 | 대한항공, 한진해운 |
| 통신 | KT, SK텔레콤 |

## 대형주와 소형주의 순환 과정을 파악하라

　경기 상승 초기에는 대형주가 주도하지만, 중기에 들어서면 소형주(부품주) 랠리가 뒤따르며 후기에는 대형주와 소형주의 순환랠리가 이루어진다.

그림 8 경기 순환에 따른 랠리 양상

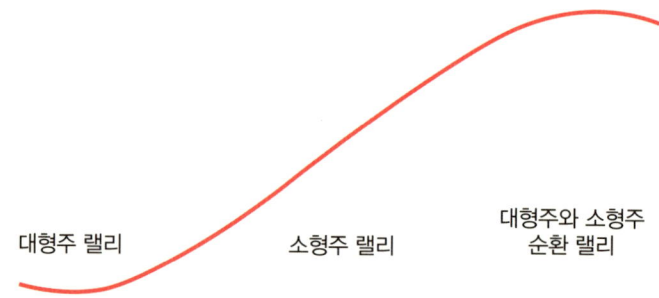

경기 상승 초기에는 개인 투자자들이 확신을 가지지 못하고 망설이고 있는 사이 기관 투자자들이 먼저 매수에 가담하고 주로 대형주 중심으로 투자하기 때문에 대형주가 주도한다.

경기회복의 징후가 뚜렷해지고 본격적으로 주가가 상승할 때는 이미 대형주는 많이 올라버렸기 때문에 개인 투자자들이 주로 아직 주가가 오르지 못한 소형주에 매수세가 몰리게 된다. 경기가 호황 후기에 다다르면 대형주와 소형주의 상대적인 수익률 게임으로 투자자들이 교체 매매를 반복하는 경향이 있다.

# 08. 기업가치 투자 스타일

### 경기주Cyclical Stock 투자

경기주 투자는 기업 실적에 투자하는 것이다. 경기가 좋아지면 기업실적이 좋아져 기업가치가 증가하기 때문이다. 경기사이클이 본격 상승 국면에 진입한 업종 중에서 실적이 가장 빨리 좋아질 것으로 예상되는 종목에 투자하는 것이다. 가급적 업황 사이클의 초기 국면에 투자하면 좋은 투자 수익이 가능하다.

업황 경기사이클이 진행 중일 때 투자해도 괜찮다. 다만 업황 사이클 끝 무렵에 투자하면 경기 사이클 하강기에 투자손실을 입게 된다.

업황 경기 사이클 초기 국면을 포착하는 것이 가장 중요하다.

대표적인 경기 민감 업종인 화학주는 세계 경기가 회복 초기 국면인 2009년이나 본격 경기 상승 국면인 2010년이 투자 적기였고 업황 사이클이 둔화되는 2011년에는 투자하기에 적합하지 않다.

투자 대상 기업의 실적이 좋더라도 뒤늦게 너무 비싼 가격으로 매수하는 것을 조심해야 한다. 대개 경기주는 호황기에 진입하는 초기에는 실적이 가시화되지 않기 때문에 포착하기가 쉽지 않고 업황 전망에 대해서도 비관적인 리포트가 대부분이다.

반면에 호황기의 정점에서는 미래 실적에 대한 지나친 낙관으로 예상 실적을 장밋빛 전망으로 포장하는 증권사 리포트가 많다. 뻥튀기 예상 실적을 근거로 가치를 과도하게 매긴 증권사 추천 보고서를 보고 뒤늦게 매수하게 되는 오류를 경계해야 한다.

차트 16 호남석유 주간 차트

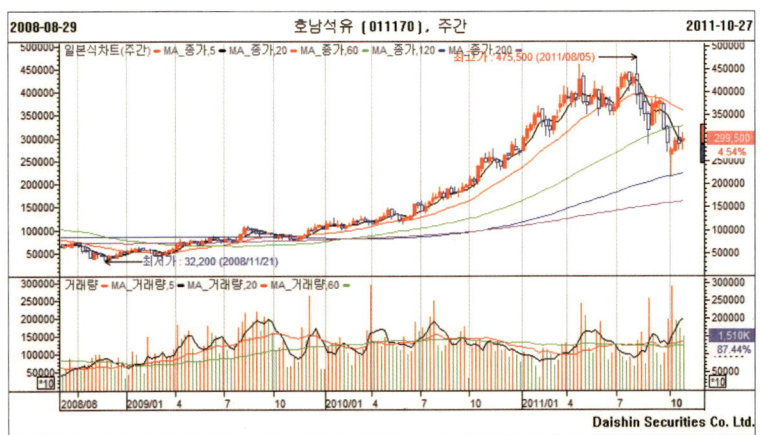

## 고성장주 Growth Stock 투자

고성장주 투자는 아직 회사가 벌어놓은 자산가치도 없고 현재 매출과 이익이 많지 않아서 수익가치가 크지는 않지만, 장래에 빠른 성장이 기대되는 회사에 투자하는 것을 말한다.

현재는 돈을 벌지 못하지만 미래에 돈을 많이 벌 수 있는 성장 가능성이 크다고 기대되는 주식이 고성장주이며, 현재의 가치보다는 미래의 가치로 평가되는 주식이다.

신약 개발 초기 단계인 바이오 제약주나 IT 신기술 개발 초기 단계에 있는 회사들이 이에 해당한다. 미래 성장가치에 대한 프리미엄을 매우 높게 지급한다. 때문에 이러한 회사들은 아직 적자상태임에도 가격이 급등하거나 매출과 이익이 아직 미미한 수준임에도 PER이 30~100배가 넘는 가격으로 시장에서 거래되기도 한다.

### 미래가치투자

〈차트 17〉을 보자. 음악 콘텐츠사인 에스엠은 현재 실적은 아직 많지 않으나 미래실적이 급성장할 것으로 평가되어 2011년 11월 현재 주가는 최근 실적 기준 PER 107배의 고가로 거래된다. 만약 내년도의 예상 실적이 현재 실적의 3배로 늘어난다면 예상 실적 기준 PER은 35배가 된다.

차트 17 에스엠 주간차트

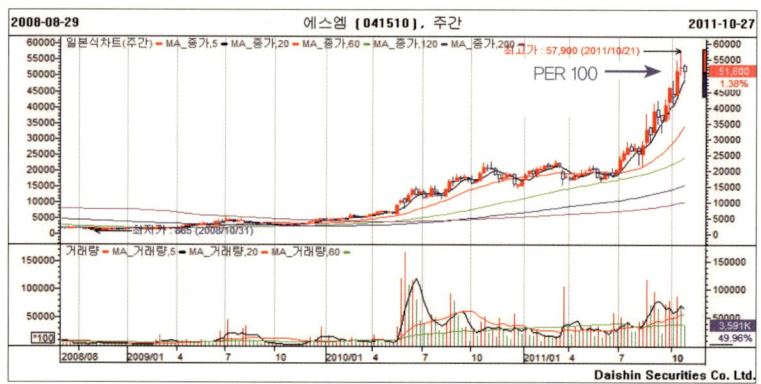

에스엠이 향후 실적이 급증할 것으로 예상되고 이처럼 고가에 거래되는 프리미엄 가치의 근거는 3가지다.

첫째, 독점적인 음악 콘텐츠(희소가치) : 최고의 인기가수(음원) 보유
둘째, 모바일 인터넷 플랫폼 확대(시장 성장) : 스마트폰 시장 급성장(음악 판매)
셋째, 한류열풍 세계 확산(신시장 확대)

**고성장주의 함정**

그러나 미래의 수익가치는 예측하기가 매우 어렵기 때문에 투자 종목을 고를 때는 매우 신중해야 한다. 또한 타이밍도 매우 중요하다. 시장에서 고성장주로 알려졌을 때는 비싸게 거래되고 있으며, 고점영역

에 다달았을 때가 대부분이다. 경험상 고성장주라는 이름으로 현재 이익 대비 기준 PER 30 이상이 되어 거래될 때는 버블을 경계해야 할 때다. 기업의 미래 성장가치는 일반 투자자가 직접 판단하기란 매우 어렵고, 전문 분석가도 자신 있게 판단하기 어렵기 때문에 매우 신중한 접근이 요구된다.

인포피아는 혈당 측정용 소형 의료기를 생산 판매하는 회사로 상장 초기에는 바이오주로 평가 받으며 PER 60 이상으로 거래되기도 했다. 그러나 상장 후 얼마 지나지 않아 버블이 꺼지기 시작해서 상장 후 3년이 지난 현재는 상장 당시 가격의 1/5 수준으로 추락했다.

차트 18 고성장주 실패 사례 : 인포피아

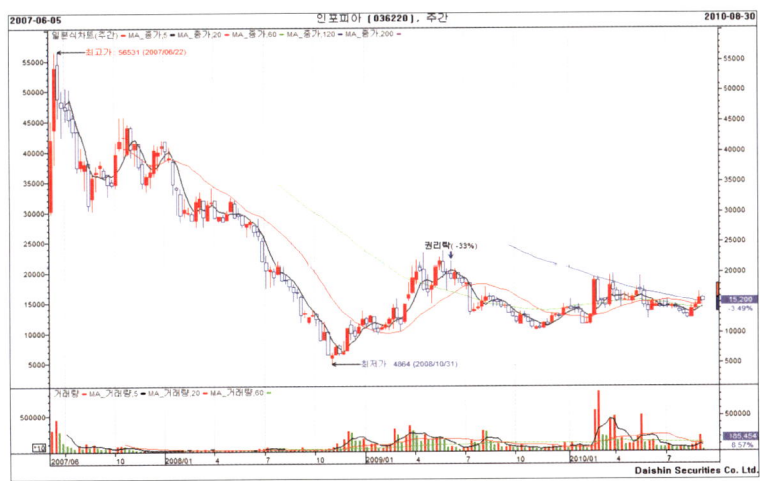

그림 9  인포피아 손익계산서

| 항 목 | 2006.12.31 | 2007.12.31 | 2008.12.31 | 2009.12.31 | 2010.06.30 | 전년동기대비 증감률 |
|---|---|---|---|---|---|---|
| 매출액 | 207.3 | 312.0 | 372.4 | 392.7 | 211.6 | 13.8 |
| 매출원가 | 98.3 | 160.7 | 163.5 | 184.7 | 104.8 | 14.8 |
| 매출총이익 | 109.0 | 151.2 | 208.9 | 207.9 | 106.7 | 12.9 |
| 판매비와 관리비 | 35.9 | 67.0 | 96.5 | 107.3 | 63.1 | 14.0 |
| 영업이익 | 73.1 | 84.2 | 112.4 | 100.6 | 43.6 | 11.3 |
| 영업외수익 | 2.3 | 34.9 | 38.7 | 16.7 | 12.3 | -25.9 |
| 지분법이익 | - | - | - | - | - | |
| 영업외비용 | 6.0 | 11.3 | 74.7 | 53.2 | 34.7 | 107.4 |
| 지분법손실 | - | 1.9 | 13.3 | 5.9 | 1.6 | -61.6 |
| 법인세비용차감전계속사업이익 | 69.4 | 107.8 | 76.4 | 64.1 | 21.2 | -45.7 |
| 계속사업손익법인세비용 | 13.8 | 20.2 | 20.8 | 6.8 | 3.5 | -37.4 |
| 계속사업이익(손실) | 55.6 | 87.7 | 55.5 | 57.3 | 17.7 | -47.1 |
| 중단사업이익(손실) | - | - | - | - | - | |
| 당기순이익 | 55.6 | 87.7 | 55.5 | 57.3 | 17.7 | -47.1 |

이 회사의 미래 수익가치를 지나치게 과대평가한 결과였다. 이후 매 분기 공시된 실적 발표 역시 성장성이 과대평가되었다는 것을 입증하고 있다.

## 장기 성장주 Secular Stock 투자

장기 성장주란 단기적인 경기 흐름과는 별 상관없이 장기적으로 꾸준히 성장하는 주식을 말한다. 사실 이런 주식이 가장 좋은 주식이다.

거북이처럼 느리기는 하지만 기업가치가 꾸준히 증가하기 때문에 매수시점에 고민할 필요가 별로 없는 주식이다. 그리고 매도할 필요 없이 장기간 보유할 수 있는 주식이다. 이런 주식을 찾아서 투자하는 것이 가장 좋은 투자이다.

> 첫째, 일반적으로 필수 소비재(식품, 제약, 화장품 등)를 생산하는 기업 중에서 독과점적인 시장지배력과 브랜드가치로 시장점유율을 꾸준히 확대하는 기업은 호경기, 불경기에 상관없이 매출과 이익이 꾸준히 늘어나는 주식이다. 장기 성장주의 예로는 한국의 '아모레퍼시픽', 'LG생활건강', 'CJ제일제당'과 미국의 '맥도날드', '코카콜라'와 같은 회사들이다.
> 둘째, 새로운 시장을 창조하고 점점 시장을 확대해가는 주식이다. 기술혁신을 주도하고 새로운 기술로 장기 성장 사이클에 진입해있는 주식이며, 대표적으로 모바일 IT기술의 혁신을 주도하고 있는 회사(애플, 구글)이거나, 바이오 신약 개발을 주도하는 제약사들이 대표적이다.

이러한 안정 성장주는 경기주보다 훨씬 비싼 가격으로 시장에서 거래된다. 장기 성장가치에 대한 프리미엄을 부여하는 것이다. 경기주의 시장가격이 보통 PER 10~15 정도에 거래되지만 장기 성장주는 적정

가격이 경기주의 2배 가격인 PER 20~30 정도에서 거래된다.

장기 성장주의 매수 적기는 주가가 장기 추세선 아래로 하락했을 때다. 시장에서 경기주가 인기가 있을 때는 장기 성장주는 상대적으로 소외되어 주가가 하락하게 되며, 이때가 오히려 매수 적기가 된다. 또는 분기 실적이 일시적으로 악화되어 어닝 쇼크(실망 실적)를 발표하면 주가가 급락하는데, 이때가 매수 기회가 되기도 한다.

'아모레퍼시픽'은 화장품업계에서 브랜드가치와 시장지배력이 확고한 장기 안정 성장주다. 〈차트 19〉를 보면, 주가가 장기 추세선 하단에 있는 2009년 초와 2010년 초가 각각 매수 적기였음을 확인할 수 있다. 단기적으로 보유했을 때 투자 수익률은 그리 높지는 않지만, 장기적으로 꾸준히 성장하기 때문에 장기 투자 수익이 매우 뛰어난 주식이다.

**차트 19** 아모레퍼시픽

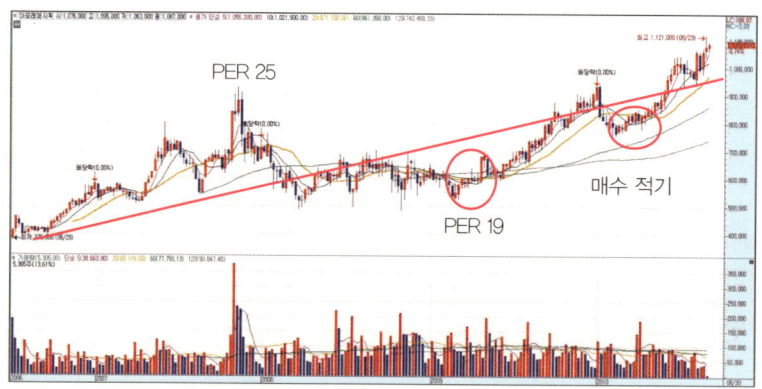

## 자산가치주 투자

자산가치주란 현재 수익가치가 크지 않지만, 과거에 벌어놓은 수익이 많아 자산가치가 큰 주식을 말한다. 즉 현재의 주가가 회사의 자산가치보다 낮은 상태에 있는 주식이다.

미래가치로 평가받는 성장주와는 반대 개념이다. 기업의 가치를 평가할 때 미래가치보다는 현재가치로 판단하는 것이 상대적으로 쉽기 때문에 투자 손실의 위험이 적다.

넓은 의미의 가치주란 수익가치주와 자산가치주*를 모두 포함하는 개념이지만, 보통은 자산가치주의 의미로 많이 사용된다. 자산가치주는 축적된 자산이 많은 회사이며, 일반적으로 투자 유가증권이나 부동산으로 보유하고 있다.

이러한 회사 중에는 현재 보유하고 있는 실질 자산가치가 주가에 반영되지 않아 현저히 저평가된 상태로 거래되고 있는 회사가 많다. 그러나 어떤 계기를 통해 실질자산가치가 드러나면, 매우 빠르게 주가는 실질가치를 회복하게 된다.

* 소형 자산가치주들은 주로 큰손 세력들이나 개인들의 투기적 매매에 의한 가격 변동성이 매우 크므로 초보 투자자들은 주의해야 한다.

### 지주회사

지주회사는 자회사들의 가치에 의해 자신의 가치가 결정되는 전형적인 자산주다. 지주회사의 경우 자회사의 주가가 먼저 오르고 지주회사의 주가는 뒤따라 오르는 경향이 있다. 만약 어떤 회사의 주식을 매수하려고 했다가 주가가 올라버려 매수 기회를 놓쳤다면 모기업인 지주회사의 매수를 고려할 만하다.

지주사가 아니라도 투자 유가증권을 많이 보유한 회사도 피 투자회사의 주가가 오르면 따라 오르는 경향이 있다. 따라서 피 투자회사의 주가가 올랐을 때 그 회사의 지분을 소유하고 있는 투자회사의 주식을 매수하면 투자 수익을 올릴 수 있다.

표 15  대표 지주회사별 자회사

| 지주회사 | 자회사 |
|---|---|
| LG | LG전자/LG디스플레이/LG화학 |
| GS | GS칼텍스/GS리테일 |
| 한화 | 한화케미칼/한화손해보험 |
| CJ | CJ제일제당/CJ오쇼핑/CJ인터넷 |
| SK | SK에너지/SKT |
| LS | LS전선/LS산전/LS엠트론/LS니꼬동제련 |

**차트 20** CJ, CJ오쇼핑

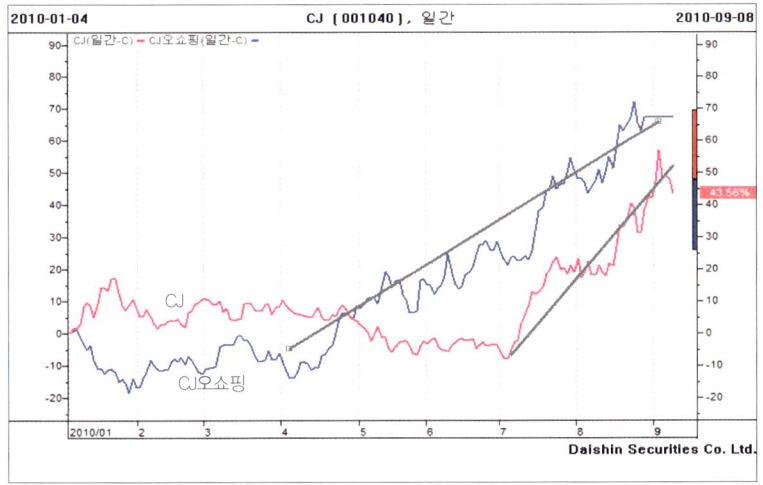

〈차트 20〉을 보면, 2010년 4월 초부터 CJ오쇼핑의 주가가 상승하기 시작했다. 그리고 7월 초부터는 지주회사인 CJ의 주가가 상승하기 시작했다. 지주회사의 주가는 자회사의 주가 변동에 영향을 받는다는 것을 잘 보여주고 있다.

## 부동산 가치주 투자

회사의 역사가 오래되어 보유 부동산이 많은 회사가 부동산 가치주다. 장부상에 기록된 부동산 가격은 오래 전 그 부동산을 매수한 시점의 가격(취득원가)으로 평가되어 있는 경우가 많고, 이 경우 그 부동산의 현재 시가는 취득 당시의 가격보다 현저히 높은 경우가 많다. 그러나 부동산의 가치는 실제로 거래가 원활하지 않기 때문에 보유 부동산의 시가는 객관적인 가치로 평가하기가 쉽지 않다. 만약 현재 시가를 평가하기 쉬운 도심지의 부동산이라면 객관성이 높다.

〈차트 21〉의 해성산업은 강북과 강남의 요지에 빌딩을 소유하고 있고 그 빌딩으로 임대사업을 하는 회사이기 때문에 보유 부동산 가치를 평가하기 쉽다. 그 때문에 그 사실이 알려진 이후 주가가 크게 올랐다.

차트 21 해성산업 주간 차트

## 배당주 투자

매년 8~9월경에는 배당 투자가 매력적이다. 1년 중 이 시기는 약세장일 때가 잦아 투자 수익을 내기가 어렵다. 이때 고배당주에 투자한 후 연말까지 3~4개월 동안만 보유하면 1년 치 배당금을 받을 수 있기 때문에 적지 않은 수익을 얻게 된다. 그리고 배당금을 받으려면 주식 매수 후 결산기까지 보유하고 있어야 한다.

고배당주는 대개 4분기가 되면 기관들의 배당 투자 매수세가 유입되기 때문에 주가가 상승하는 경우가 일반적이다. 실제로 배당 투자는 배당금 수익 자체보다도 투자 수요에 따른 주가 상승으로 얻는 투자 수익률이 더 매력적일 수 있다.

대표적 고배당주인 KT의 과거 사례를 보면 매년 4분기에 배당 투자 수요로 인해 주가가 20% 정도 상승했다. 만약 배당주에 투자한 후 연

차트 22 배당투자의 사례 - KT

말까지 배당 수익률 이상으로 주가가 올랐을 때는 배당금을 포기하고 주식을 매도해서 차익을 실현하는 것이 좋은 방법이다. 결산기가 지나면 배당락 이상으로 주가가 하락하는 경우가 많기 때문이다. 성공적 배당 투자를 위한 요령을 정리하면 다음과 같다.

### 배당 수익률이 높은 기업

현금 배당이 가능하도록 이익을 많이 내고 또 과거 수년간 매년 배당 수익률이 높았던 회사를 선정한다.*

**표 16** KT의 과거 배당률 추이

| 항목 | 2006.12.31 | 2007.12.31 | 2008.12.31 | 2009.12.31 | 2010.06.30 | 전년동기대비 증감률 |
|---|---|---|---|---|---|---|
| 매출액 | 118,560.1 | 119,363.8 | 117,848.4 | 159,061.7 | 98,086.9 | 54.8 |
| 매출원가 | 13,361.2 | 15,167.6 | 15,236.0 | 30,415.9 | 22,629.5 | 132.5 |
| 매출총이익 | 105,198.9 | 104,196.2 | 102,612.4 | 128,645.9 | 75,457.4 | 40.7 |
| 판매비와 관리비 | 87,636.7 | 89,859.0 | 91,478.5 | 122,530.4 | 63,916.6 | 38.5 |
| 영업이익 | 17,562.3 | 14,337.2 | 11,133.9 | 6,115.5 | 11,540.9 | 54.3 |
| 영업외수익 | 4,867.9 | 4,156.1 | 8,552.9 | 8,843.4 | 3,462.0 | -19.5 |
| 지분법이익 | 525.4 | 644.1 | 724.9 | 1,821.4 | 530.0 | -53.7 |
| 영업외비용 | 6,685.6 | 5,989.5 | 14,086.3 | 9,397.2 | 5,705.0 | 28.5 |
| 지분법손실 | 358.6 | 603.2 | 733.8 | 630.9 | 254.0 | -40.4 |
| 법인세비용차감전계속사업이익 | 15,744.6 | 12,503.8 | 5,600.5 | 5,561.7 | 9,297.9 | 26.7 |
| 계속사업손익법인세비용 | 3,410.1 | 2,927.6 | 1,102.4 | 396.3 | 2,135.9 | 54.3 |
| 계속사업이익(손실) | 12,334.5 | 9,576.2 | 4,498.1 | 5,165.3 | 7,162.0 | 20.2 |
| 중단사업이익(손실) | - | - | - | - | - | - |
| 당기순이익 | 12,334.5 | 9,576.2 | 4,498.1 | 5,165.3 | 7,162.0 | 20.2 |
| 기말보통주배당률(%) | 40.0 | 40.0 | 22.4 | 40.0 | - | - |

* 배당 수익률은 배당금을 주가로 나눈 것이며, HTS의 현재가 창-기업분석-손익계산서 항목의 맨 아래 칸에 나와 있다.

기업에서 공시하는 배당률은 액면가에 대한 배당금의 비율이다. 즉 배당률(배당금÷액면가)이 150%로 높아도 액면가가 500원인 주식이라면, 현 주가가 5만 원인 경우 배당 수익률은 1.5%에 불과하다.

> 주당 배당금 = 액면가 500원×보통주 배당률 150% = 750원
> 배당 수익률 = 주당 배당금(750원)÷현재 주가 5만 원 = 1.5%

KT의 2009년 배당 수익률을 계산해보자.

> 주당 배당금 = 액면가 5,000원×배당률 40% = 2,000원
> 배당 수익률 = 주당 배당금(2,000원)÷매수 주가(4만 원) = 5%

즉 회사마다 액면가가 다르고 주가가 다르기 때문에 배당률이 높다고 해서 배당 수익률이 높은 것은 아니기 때문에 직접 계산해보아야 한다.

〈표 7-2〉에서 회사 A, B, C를 살펴보면 B사가 배당 수익률이 가장 높은 회사이다.

**표 17** 회사별 배당률과 배당 수익률 비교

|  | 회사 A | 회사 B | 회사 C |
|---|---|---|---|
| 주가 | 30만 원 | 5만 원 | 1만 원 |
| 액면가 | 500원 | 5,000원 | 500원 |
| 배당률 | 200% | 40% | 60% |
| 배당 수익률 | 1,000÷300,000 =3.3% | 2,000÷50,000 =4% | 300÷15,000 =3% |

### 시장점유율이 높고 성장성이 높은 회사

배당 투자 후 주가가 하락하면 배당 수익률은 그 의미가 무색해지므로 주가 하락의 가능성이 낮은 종목을 골라야 한다. 따라서 시장점유율이나 성장가치에 비해 저평가된 회사를 골라야 하며, 업종 내에서 시장지배력을 가진 오랜 역사를 가진 회사가 좋다.

업종 또한 발전성이 크고 성장성이 높아야 함은 당연하다.

### 3월 결산기업에 대한 배당 투자의 적기는 언제인가?

3월 결산기업의 경우는 대개 1개월 전인 2월이 배당 투자하기에 가장 적합하다. 증권주나 보험주가 여기에 해당된다.

보험주 중에서 전통적인 고배당주는 '코리안리'이며, 증권주에서는 '대신증권'을 들 수 있다.

**차트 23** 대신증권과 삼성증권 일간 차트 비교

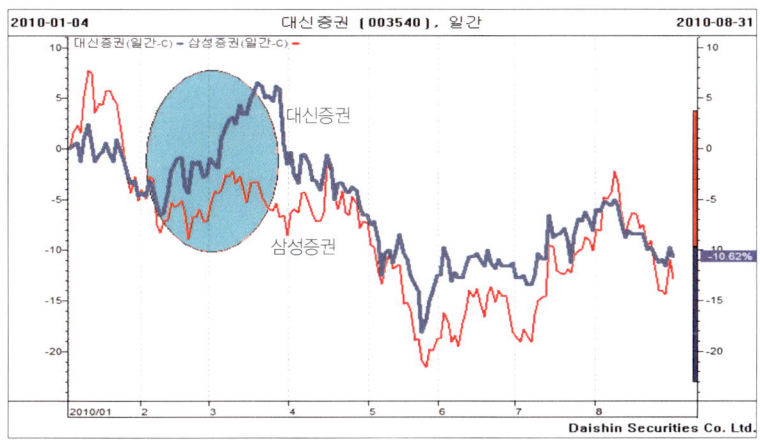

〈차트 23〉에서 증권사들의 결산기인 3월 이전의 주가 흐름을 보면, 같은 증권업종에 속해 있어도 배당 수익률이 높지 않은 삼성증권의 주가는 별로 움직이지 않지만, 대신증권은 배당투자 수요가 유입되어 주가가 크게 올랐음을 볼 수 있다.

# 09. 실전 투자 응용

## 경기주 투자 사례 : 신대양제지

**업황**

2013년 2월은 상장기업들의 2012년 4분기 실적 및 결산 실적 발표 시즌이었다. 실적이 좋으면서 주가가 싼, 즉 실적 대비 저평가된 종목을 찾던 중 신대양제지가 눈에 띄었다. 다른 제지주들은 주가가 최근에 많이 올랐는데 비해서 신대양제지는 주가가 옆으로 횡보하고 있었고 최근 며칠간은 오히려 하락세로 기울어 가고 있었기 때문이다.

현재의 국내 경기상황은 제지업종이 호황을 누릴 정도로 좋은 상태

**차트 24** 신대양제지 일간 차트

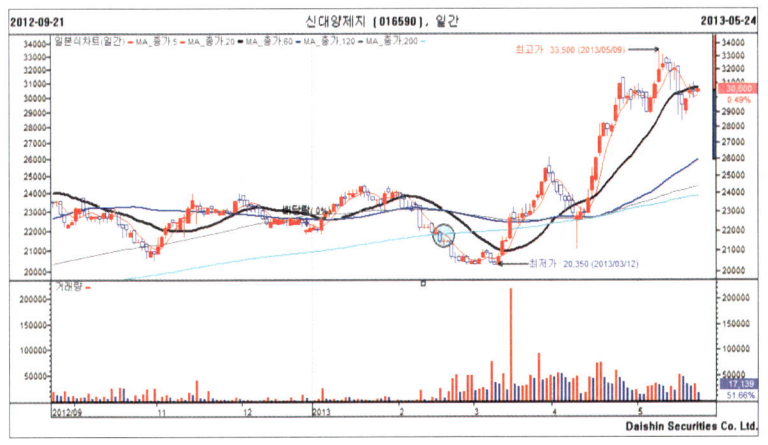

가 아니었기 때문에 제지주에 대해서는 별로 관심을 두지 않았으나 신대양제지의 실적을 다시 체크해보았다. 4분기 실적이 아직 발표되지 않았기 때문에 3분기까지의 실적을 체크해보았다. 그런데 의외로 실적이 좋았다. 3분기까지의 실적 흐름이 4분기에도 이어진다면 2012년 실적은 전년도 대비 거의 2배 가까운 영업이익을 기록할 것으로 추정되었다.

증권사들이 최근 내놓은 제지업종의 업종 분석 보고서를 보니 신대양제지가 취급하는 포장지는 택배업의 호황으로 수요가 크게 늘었고, 반면에 원재료인 펄프 가격이나 고지 가격은 많이 떨어져 포장지의 원재료 가격 하락으로 수익성도 크게 좋아진 상태라고 했다. 그렇다면 4분기 실적도 낙관적이었다.

**기업가치** |Valuation

필자는 신대양제지의 4분기 실적이 3분기와 비슷할 것으로 추정하고 2012년도 연간 추정 실적에 근거해서 이 회사의 현재 주가(2013년 2월 15일)와 비교해본 PER은 3배에 불과했다.

제지업종 주식의 평소 PER은 대개 6배 내외로 시장평균보다는 낮은 수준이다. 왜냐하면 저성장 사양산업으로 인식되어 일반 경기주보다 할인 가격으로 거래되기 때문이다.

그렇더라도 신대양제지의 PER 3은 제지업 평균 PER 6의 절반 가격에 불과한 것이었다. 업종평균에 비교한 신대양제지의 적정가치는 PER 6인 4만 원 정도다.


**표 18** 신대양제지 2012 회계연도 실적(2013. 3. 14 발표)

| (단위 : 천 원) | 당해 사업연도 (2012년) | 직전 사업연도 (2011년) | 증감(%) |
|---|---|---|---|
| 매출액 | 262,673,128 | 307,310,332 | −14.5 |
| 영업이익 | 32,964,407 | 15,592,824 | 111.4 |
| 세전순이익 | 28,274,510 | 14,953,189 | 89.1 |
| 당기순이익 | 21,168,553 | 11,551,925 | 83.0 |

**투자 타이밍**

필자는 2013년 2월 15일 현재 주가인 2만 1,000원에 신대양 제지를 매수했고, 목표 가격은 업종평균보다 약간 낮은 PER 5 수준인 3만 원으로 정했다. 이후 이 회사 주가는 2만 원까지 하락하였지만, 계속 보유하였다.

그리고 신대양제지는 3월 14일 실적을 발표했으며 필자의 예상에 크게 벗어나지 않는 좋은 실적이었다. 실적 발표 후 이 회사의 주가는 지속적으로 상승했다. 필자는 목표 가격 3만 원에 매도하여 차익 실현하였다.

## 배당주 투자 사례 : LG화학 우선주

**업황**

2013년 들어서면서 한국의 화학 업황은 중국의 경기회복에 의존하여 실적 회복을 기대하고 있었다. 그러나 생각만큼 화학제품의 가격이 상승하지 못하고, 실적 회복이 지연되면서 주가도 지지부진하였다. 업황 회복을 기대하고 주식을 매수하기는 성급한 시점으로 판단되었다.

### 배당 수익률

2013년 4~5월경 배당 수익률에 대한 주식시장의 관심이 갑자기 커졌는데, 이는 저금리 기조의 장기화로 글로벌 채권시장에서 자금이 이탈하여 주식시장으로 유입하여 고배당주 수요가 급증했기 때문이다.

LG화학은 평소 배당 수익률(배당금÷주가)이 특별히 높은 회사는 아니지만 안정적인 배당을 지급하는 회사로 보통주의 최근 평균 배당 수익률이 1.5% 정도로 상장사 평균 수준이다(2013년 5월 초 LG화학 주가 22만 6,000원 기준).

그런데 LG화학 우선주 가격은 보통주 가격 대비 1/3 가격 수준이므로(2013년 5월 초 LG화학 우선주 가격 9만 8,000원) 동일한 배당금에 대해 배당 수익률이 3배로 높아져서 배당 수익률이 4.5%가 된다(엄밀히 말하면 우선주는 보통주보다 배당금을 약간 더 얹어주기 때문에 배당 수익률이 4.5% 이상이 된다).

배당 수익률 4.5%는 상장주식 중 최고 수준일뿐 아니라 배당의 지속 가능성을 믿을 수 있는 우량주식이므로 충분히 고배당 투자 매력이 있다고 판단할 수 있다.

### 목표 가격

5월 초, LG화학 우선주를 9만 8,000원에 매수할 때 목표 가격은 얼마로 해야 할까? 매수시점의 배당 수익률이 4.5%이므로 배당 수익률이 매력이 떨어지는 수준은 얼마일까를 생각하면 된다. 대개 배당

**차트 25** LG화학 우선주 일간 차트

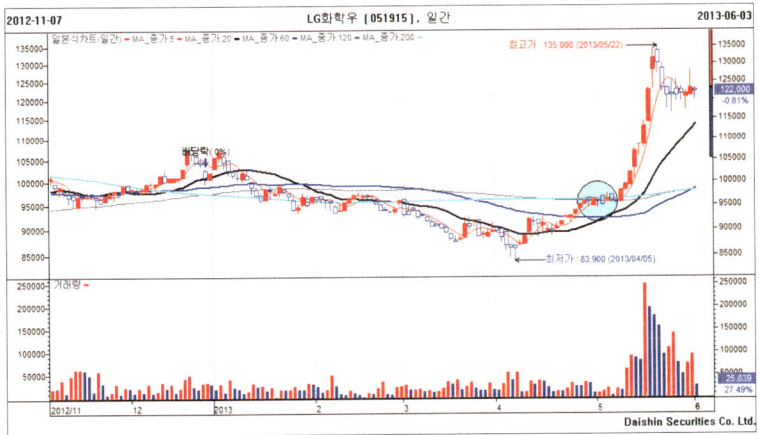

수익률이 3% 이하로 떨어지면 배당 매력이 감소한다고 볼 수 있는 수준이다.

그렇다면 LG화학 우선주가 현재의 배당금 대비 배당 수익률이 3%가 되는 주가수준은 얼마일까? 4,050원÷★ = 3%에서 ★의 값은 약 13만 원이 된다. 따라서 목표가는 13만 원으로 잡으면 된다.

9만 8,000원에 매수해서 13만 원에 매도하게 되면 투자 수익률은 약 30%가 된다.

# 성장주 투자 사례 : 메디톡스

### 경쟁력

메디톡스는 피부미용 전문 치료제를 생산하는 제약사로서 세계에서 5대 제약사만이 생산 가능한 피부 주름 개선제를 생산하는 회사이다. 전 세계 시장을 5대 제약사가 과점 시장을 점유하고 있으며, 국내 시장은 점유율 1위 업체다.

동업계 선두주자는 다국적 제약사인 알러젠사로 주름 개선제인 보톡스 제품 시장점유율 1위사이다. 메디톡스사는 이 회사와 경쟁제품을 개발해서 국내 시장점유율 1위로 올라섰다.

단기간에 경쟁사를 제치고 국내 시장점유율 1위로 올라선 이유는 이 회사 제품이 기존의 보톡스 제품과 동일한 성능에 가격은 30% 싸게 생산하여 가격 경쟁력이 우수하기 때문이다.

### 기업가치

2011년 5월 이회사의 작년 실적 발표가 있었는데 의외로 전년 대비 매출과 이익이 대폭 줄어든 실망 실적이었다. 그 때문에 주가가 연초 이후 실적 발표일까지 약세 흐름을 보여 고점대비 많이 하락했다. 발표된 실적 기준 PER은 15 정도로 향후 시장 전망이 어둡다면 비싼 것이고, 시장 전망이 밝다면 싸다고 볼 수 있다.

**차트 26** 메디톡스 월간 차트

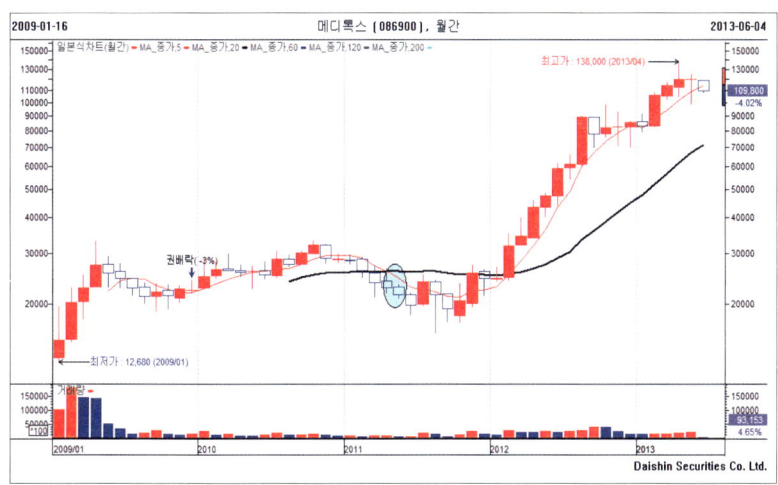

필자는 이 회사의 피부미용 개선제 제품은 세계적인 경쟁사의 제품 가격보다 30% 싼 가격 경쟁력이 있을 뿐만 아니라 피부미용 개선제 시장은 국내 시장은 물론, 아시아 시장에서 소득 수준이 올라가면서 급속히 커지고 있다. 때문에 성장 프리미엄을 줄 만큼 충분한 가치가 있다고 판단했다. 따라서 이 회사 주식의 적정 PER은 30배 정도라고 평가했다.

**목표 가격**

2011년 5월, 메디톡스 주가는 3만 원이고 현재 실적 기준 PER이 15

이었다. 그러므로 목표 가격은 적정 PER 30이 되는 주당 6만 원이다. 필자가 매수한 메디톡스의 매수가는 3만 원이었고, 매수 후 6개월 이상 추가 하락했다. 그러나 그해 4분기부터 실적 개선과 함께 주가는 지속적으로 상승하여 2013년 5월에 이 회사의 주가는 주당 10만 원을 넘어섰다.

현재 최근(2012년) 이 회사의 실적 기준 PER은 40배 정도인데, 너무 비싸 보인다. 필자는 이 회사의 주가가 6만 원을 돌파할 때 매도하였고, 1년간의 보유하여 100%의 투자 수익을 냈다. 매도 후에도 주가는 계속 올랐지만, 너무 비싸져서(PER 40) 투자 매력이 없다고 판단하고 있다.

# 03.

## 시장 Market 과 주가

주식 시황이 강세인지, 약세인지는
주식 투자자의 입장에 의해 좌우된다.
같은 시세임에도 불구하고 어떤 사람은 강세라고 말하고,
어떤 사람은 약세라고 말한다.
자신의 개입 여부에 따라 보는 관점이 달라진다.
-앙드레 코스톨라니-

# 10. 경기와 주가

### 주가는 경기와 동행(同行)한다

장기적으로 주식시장은 커지고 주가는 상승한다.

경제가 계속 발전하고 기업 수도 늘어나고 기업도 계속 성장하기 때문이다. 즉 주가는 경기와 동행한다. 그런데 경기는 일직선으로 성장하지 않고 순환하면서 성장한다.

주가도 경기순환에 따라 동행한다.

### 차트 27  주가는 장기적으로 상승한다

# 경기 사이클

경기는 상승기(확장기=회복기+호황기)와 하락기(수축기=후퇴기+침체기)를 반복하며 순환하는데, 길게는 10년 주기로, 짧게는 4년 주기로 순환한다. 현재의 경기가 사이클상의 어느 지점에 해당하는가는 각종 경기지표와 경기지수로 판단한다. 한국은행은 정기적으로 경기지수(선행지수*와 동행지수**)를 발표한다.

* **경기선행지수** : 미래의 경기가 상승할 것인지, 아니면 하강할 것인지를 예측하는 지수로서 이는 기계/건설 수주액, 자본재 수입액, 구인구직비율, 소비자기대지수, 금융기관 유동성(LF), 재고순환지표 등 10개의 지표를 활용하여 산출된다.

** **경기동행지수** : 현재 경기동향을 보여주는 지표로 노동투입량, 총산업생산지수(광업 제조업 전기가스제조업 포함), 제조업가동률지수, 생산자출하지수, 전력사용량, 도소매판매지수, 비내구소비재 출하지수, 시멘트 소비량, 실질수출액, 실질수입액 등 10개 지표를 합성해 산출한다.

경기가 상승 국면일 때는 경제성장률이 높아지고 주가는 강세를 보이는 반면, 하강 국면에서는 경제성장률이 낮아지고 주가는 약세를 보인다. 경제성장률이 높다는 것은 생산, 수출, 투자, 소비, 소득이 증가

차트 28 다우존스산업지수 주간 차트

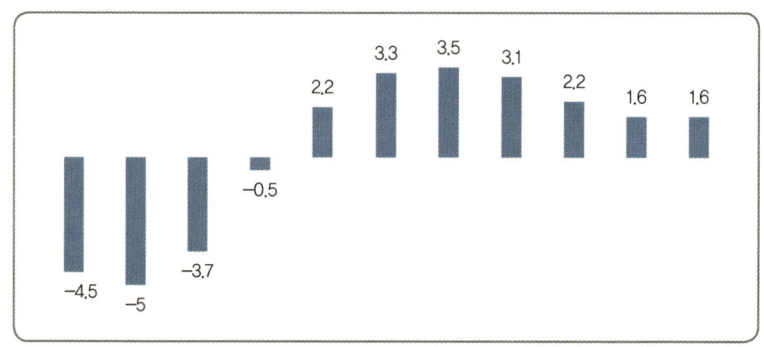

그림 10 미국 분기별 GDP* 증가율 추이(2009년 1분기~2011년 3분기)

* GDP(Gross Domestic Product) : 한 나라 안에 있는 가계, 기업 정부 모든 경제주체가 일정 기간 동안 생산한 최종 재화와 서비스의 가치를 시장가격으로 평가하여 합산한 것으로 대표적인 경제지표를 말한다.

하여 경제 규모가 확대된다는 의미이므로 기업 입장에서는 매출과 이익이 증가하게 된다. 즉 기업의 가치가 증가하게 되므로 주가의 상승으로 이어지는 것이다. 경제성장률은 보통 GDP(국내총생산)의 증가율로 나타낸다.

### 기술혁신 경기 사이클

세계 경기는 약 10년을 주기로 기술혁신이 일어난다. 창조적 파괴라고 일컫는 이 기술혁신은 경기 사이클 10년 주기와 일치한다. 주식시장에서 가장 뚜렷한 사이클이 바로 이 기술혁신 10년 주기 사이클에 따른 10년 주기 주가 사이클이다. 만약 현재 우리가 이러한 10년 주기 기술혁신기에 진입해 있다면 주식 투자하기에 좋은 시기라고 판단해도 된다.

지난 1990년대에는 이동통신 혁명으로 인한 기술혁신기를 거쳤고, 2000년 IT버블 붕괴 이후 세계는 유선 인터넷 혁명이라고 하는 기술혁신 10년 사이클을 경험했다. 그리고 2008년 금융위기로 인한 세계 증시 붕괴와 2009년 세계 경기와 세계 증시의 회복을 거치면서 무선인터넷통신 기술혁신이 세계를 주도하고 있으며, 미국 애플사의 아이폰이 단연 주인공의 자리를 차지하였다.

이러한 IT 분야의 기술혁신은 타업종과 전 세계로 경기를 확산하는 물결 효과 Ripple Effect를 일으키고 있다. 신제품은 새로운 수요를 창출하며, 그에 따른 신기술과 신제품 개발도 계속해서 이어지므로 경기가 활성화된다.

## 원자재 사이클 : 가격 상승기

국제 유가를 비롯한 원자재 가격이 올라가면 주가는 상승한다. 즉 원자재 가격이 주가의 선행지표 역할을 하는 것이다. 원자재 가격이 올라간다는 것은 그것을 원료로 만드는 제품에 대한 수요가 증가한다

**그림 11** 기술혁신 사이클*의 S곡선

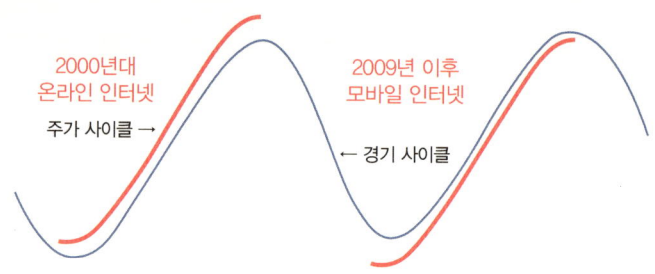

**차트 29** 다우존스 산업지수(1980~2010년)와 기술혁신 S곡선

* **기술혁신 사이클** : 유명한 경제학자인 슘페터가 발견한 경기 10년 사이클의 원인이다. 사회현상의 중요한 변화와 그 변화를 이끌고 있는 리더(Leader)들과 혁신 제품들의 흐름을 관찰하면 이번 기술혁신은 어디서 일어나고 있는지 알아차릴 수 있다.

차트 30 S&P500 일간차트(2009~2010년)와 신기술 선도주 애플

는 의미이고, 관련 업황이 좋아지고 있다는 의미다. 따라서 원자재 가격이 올라가는 것은 경기가 호황 국면에 진입했다는 의미로 주가 상승과 이어진다.

따라서 원자재 가격이 저가에서 완만한 상승 추세로 진입했다면 경기와 제반 업황이 호경기로 진입했다는 신호이며, 이때는 주식 투자하기에 좋은 시기다. 그러나 원자재 가격이 지나치게 높아져 기업이 원가 상승분을 제품 가격에 전가하기 어려운 수준에 이르게 되면, 기업 수익이 악화되고 경기는 하락하기 때문에 주가 역시 하락하게 된다. 그 예로 2008년 상반기 원자재 가격의 급등은 2008년 하반기의 경기 침체와 세계 증시 붕괴의 한 원인이 되었다(원자재 가격 동향은 각 증권사 HTS에서 장기 추세 차트를 보면 알 수 있다).

# 경기지표

주식 투자자는 실물경기의 움직임을 나타내는 각종 경기지표들을 지속적으로 관찰해야 한다. 현재의 경기상태를 진단하는 대표적인 지표들은 다음과 같은 것들이다.

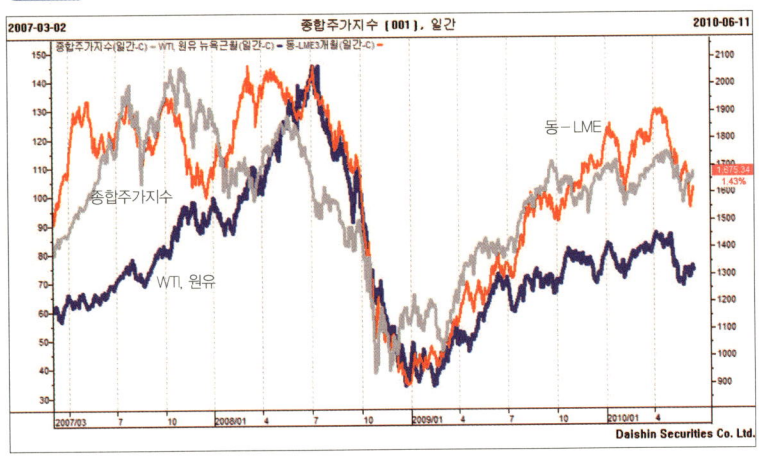

차트 31 원자재 가격과 종합주가지수의 관계(2007년 2분기~2010년 1분기)

### 경제성장률

경제성장률은 국가의 총생산$^{GDP}$이 전기 대비로 몇 %나 성장했는지를 말하는데 국가별로 매분기 발표한다. 그리고 전 세계적으로도 IMF나 세계은행 같은 경제예측기관에서 발표한다.

### 제조업/비제조업 경기지표

제조업/비제조업 경기지표는 제조업과 비제조업으로 나누어 기업의 구매관리자지수$^{PMI}$ 또는 공급관리자지수$^{ISM}$를 추계하여 매분기마다 발표한다. 제조업과 비제조업의 경기진단지표로 사용한다. 지표 수치가 50이 넘으면 경기가 확장 국면에 있다고 판단하고, 50 이하면 경기가 수축 국면에 있다고 판단한다.

### 고용지표

고용지표는 실업률/실업수당청구건수 등으로 고용 상황을 판단하는 지표로 사용한다. 대개 국가의 실업률이 5% 이내면 고용상태가 좋은 것으로 판단하고, 실업률이 그 이상으로 높아질수록 경기가 나쁜 것으로 판단한다.

실업자가 많아져서 실업수당 신청 건수가 많아질수록 경기가 나쁜 것이다. 통상적으로 실업률은 매월, 실업수당 신청 건수는 매주 발표된다.

### 주택경기지표

주택경기지표는 주택 가격의 상승이나 하락, 주택 판매량의 증감, 주택착공 건수 등으로 주택경기를 판단하며 매월 발표된다. 전년 동기 대비 또는 전월대비로 경기 호전 여부를 판단한다.

주택경기가 좋아지면 민간소비가 살아나게 되고, 다른 산업경기에도 파급 효과가 크기 때문에 주택경기지표는 경기 판단에 매우 중요한 지표다.

### 심리지표

소비자심리지수$^{CSI}$나 기업인심리지수$^{BSI}$도 경기를 판단하는 중요한 지표다. 기업인에게 장래 경기 전망에 대한 의견 조사를 실시한 후 지수화한 것이 기업인심리(실사)지수다. 기업인들은 산업 현장에서 종사하여 경기에 대한 가장 민감한 예측 능력을 가지고 있기 때문에 예측 지표로서의 의미가 크다.

한편 소비자에게 경기 상황과 생활형편 등을 설문조사하여 소비자의 심리를 종합적으로 판단하는 데 필요한 중요 지수를 선택, 집계한 지수가 바로 소비자심리지수다. 소비자심리지수도 기업인심리지수와 함께 경기 현황과 전망에 상당한 예측력을 가진다.


## 주가의 선행성(先行性):
## 주가는 경기에 선행한다

주가는 실물경기보다 먼저 움직이는 경향이 있다. 왜냐하면 경기의 움직임을 미리 포착해서 다른 투자자보다 한발 먼저 움직이려는 투자자들의 눈치 빠른 스마트 머니Smart Money가 먼저 움직여 주식을 매매하기 때문이다.

〈그림 12〉를 잘 관찰하면 주식 투자를 할 때 현명한 투자 판단을 내릴 수 있다. 경기선행지수는 대략 6개월 후의 경기 상태를 예측하는 지표이며, 주가와 동행하는 경향이 있다. 그 때문에 주가는 경기보다 대략 6개월 선행하는 경향을 띠게 된다.

그림 12 경기 사이클과 주가

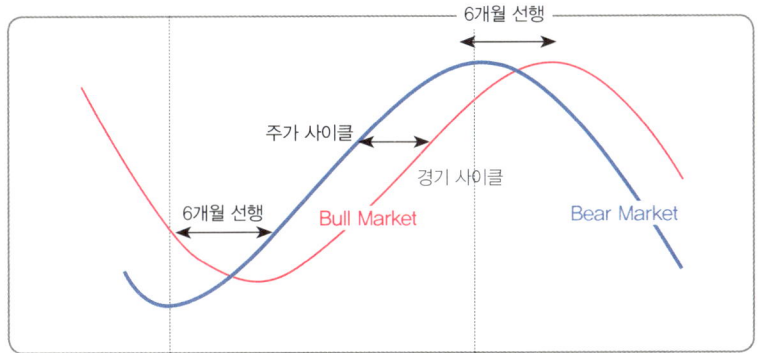

* **스마트 머니**(Smart Money) : 고수익의 단기 차익을 노리는 기관이나 개인 투자자들이 장세 변화를 신속하게 파악하여 투자하는 자금을 뜻한다.

# 11. 유동성 Money과 주가

각국 정부는 경기가 침체되면(디플레이션) 중앙은행으로 하여금 금리를 인하하고 통화량(유동성 Money)을 시중에 공급하여 인위적으로 경기를 부양하는 정책을 시행한다. 반대로 경기가 지나치게 좋아져 과열경기가 되어 물가가 올라가면(인플레이션) 이를 방어하기 위해 금리를 인상하고 통화량을 환수한다.

중앙은행이 경기부양을 위해 유동성을 공급하게 되면(양적완화 Quantatve Easing) 주식시장에 호재로 작용하여 주가는 상승하고, 반대로 금리를 인상하여 유동성을 축소하면(긴축) 주식시장에 악재로 작용하여 주가는 하락하게 된다.

각국의 통화정책을 결정하는 기구는 각국의 중앙은행이며 전 세계 주식시장에 특별히 영향을 크게 미치는 통화정책결정기구는 미국의 연방준비위원회$^{FOMC}$와 유럽의 유럽중앙은행$^{ECB}$다. 한국의 통화정책은 한국은행 산하의 금융통화위원회에서 결정하며 매월 둘째 주 목요일에 열린다.

## 금리와 주가

### 주가는 금리 수준에 역행한다

저금리 시기에는 싼 이자로 돈을 쉽게 빌릴 수 있기 때문에 시중에 통화량이 증가하고, 시중에서 증가한 통화량이 증시로 유입되어 주가가 올라가는 유동성 장세가 된다.

기업의 입장에서는 저금리로 인해 금융비가 줄어들어 수익성이 좋아지고 재무구조도 개선된다. 따라서 기업의 가치와 함께 주가가 상승하게 된다. 반면에 고금리 시기에는 이자 부담이 증가하기 때문에 돈을 빌리기가 어려워지고 신규 투자와 기업의 이익이 감소하여 기업가치가 떨어지면서 주가 하락의 원인으로 작용한다.

한편 투자자들은 저금리 시기에는 낮은 은행이자로 만족할 수 없기에 높은 수익률을 찾아 주식시장으로 향한다. 그 결과 시중에 있던 부동자금이 증시로 유입되어 기업의 실적이나 가치와 상관없이 돈의 힘만으로 주가가 상승하는 유동성 장세가 나타난다.

그림 13 주가와 경기, 금리의 관계

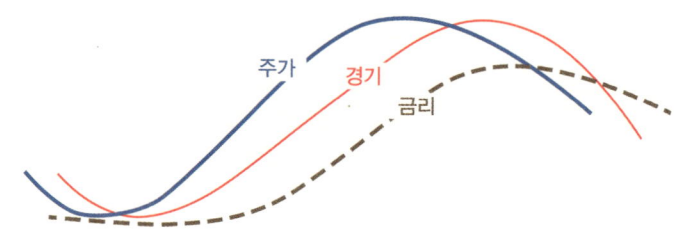

**주가는 금리 추세와 동행한다**

금리가 올라가는 상승 추세가 되는 것은 경기가 좋아서 자금의 수요가 많기 때문이므로 호경기의 신호로 해석되어 강세장의 원인이 된다. 또 금리가 올라가면 채권 가격이 하락하므로 채권시장에서 투자자금이 이탈하여 주식시장으로 이동하게 되어 주가 상승의 원인이 된다.

따라서 금리가 낮을 때가 바로 주식에 투자하기 좋은 시기이며, 이후 금리가 인상되더라도 초기에는 금리와 주가는 동반 상승하게 된다. 호경기가 되면 소비가 증가하여 상품 수요 증가로 인한 물가 상승(인플레이션)이 우려된다. 기업의 자금 수요는 왕성해지고, 경기가 과열되어 물가 불안해지는 것을 사전에 방어하기 위해서 정부에서는 자금 수요 억제를 위해 금리를 인상하기 시작한다.

금리가 올라간다는 것은 경기 속도를 늦추어야 할 만큼 좋기 때문이므로 기업 실적 증가와 함께 주가가 동반 상승하는 것이다. 그러나 금리 인상이 지속되어 고금리 상태에 이르게 되면 기업에 부담으로 작용하므로 실적 감소와 함께 주가는 하락하기 시작한다. 이후 경기후퇴Recession가 심해지면 하락하는 경기를 부양하기 위해 정부는 금리를 인하하기 시작하는데, 경기 사이클과 주가 사이클이 돌아설 때까지 지속적으로 이 정책을 고수한다.*

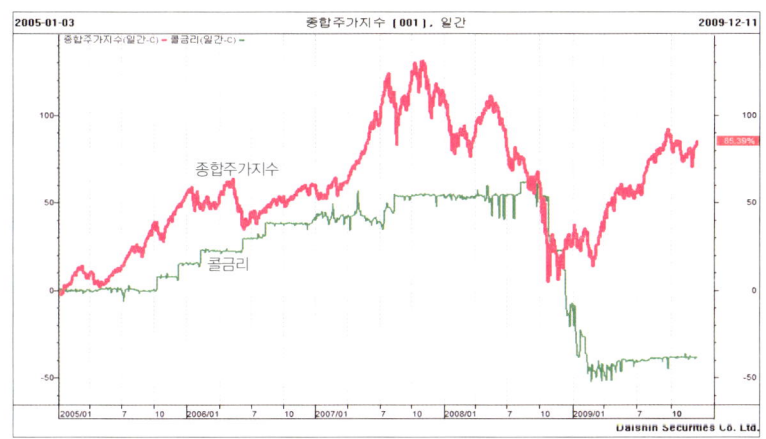

**차트 32** 주가와 콜금리의 관계(2005~2009년)

---

* 각국의 중앙은행에서 매달 정책금리를 결정한다. 미국의 연방준비은행총재회의(FOMC)에서 결정하는 기준금리는 세계금리정책의 가이드가 되며, 한국은 매월 둘째 주 목요일에 한국은행 금융통화위원회에서 기준금리를 결정한다.

### ★★ 경기 사이클

1. **인플레이션(Inflation)** : 호경기로 인해 수요가 증가하여 물가가 상승하는 현상
2. **디플레이션(Deflation)** : 불경기로 인해 수요가 감소하여 물가가 하락하는 현상
3. **스태그플레이션(Stagflation)** : 불경기임에도 불구하고 원자재 가격 상승으로 물가가 상승하는 현상
4. **리세션(Recession)** : 디플레이션이든 스태그플레이션이든 경기후퇴를 총칭하는 의미
5. **불황(Depression)** : 1930년대의 경제대공황(Great Depression)처럼 경기침체가 심각한 현상

# 환율과 주가

환율이 상승한다는 것은 외화가치는 올라가는 반면 원화가치가 떨어진다는 의미이다. 환율이 하락한다는 것은 외화가치는 떨어지고 원화가치가 올라간다는 의미다.

간단히 표현하면 환율이란 외화(달러)의 가격을 의미한다. 즉 달러 환율이 1,200원에서 1,100원으로 떨어졌다는 것은 1달러의 가격이 1,200원에서 1,100원으로 떨어진 것이며, 반면에 원화의 가치는 그만큼 상승한 것이다.

### 금리와 환율

중앙은행이 국내 금리를 인상하면 높은 이자 수입을 노린 외화자금이 유입하게 되어 자국 통화가치가 올라간다(환율이 하락한다). 예를 들어 한국이 금리를 인상하면 저금리의 달러 자금이 한국 채권에 투자하거나 주식에 투자하기 위해 달러를 팔고 원화를 사야 하니 원화값이 올라가고 달러값이 떨어진다.

반대로 금리를 인하하면 이자 수입이 줄어드니 국내 채권에 투자한 해외 자금이 금리가 높은 다른 나라로 자금이 유출되며 원화를 팔게 되니 원화값이 떨어진다(환율이 상승한다). 따라서 금리를 인상하면 자국 통화가치가 상승하고(환율이 하락), 금리를 인하하면 자국 통화가치가 하락한다(환율 상승).

### 환율과 주가

원화가치가 올라가면(환율이 하락하면) 한국에 투자한 외국인은 유리해지는데, 환차익이 생기기 때문이다. 예를 들어 1달러를 1,200원에 팔아서 한국에 투자한 돈은 1달러에 1,000원이 되면 1,200원의 투자금은 1.2달러로 환전해갈 수 있기 때문이다. 따라서 환차익을 기대하는 외국인의 투자 자금이 한국 증시로 유입되고 주가는 상승하게 된다.

증권시장에 유입되는 외국인 자금은 환율에 매우 민감하다. 주식 투자에서 20%의 이익이 나더라도 환율에서 10%의 손실(환차손)이 난다면 투자 수익이 반으로 줄어든다. 이와는 반대로 주식 투자에서 5%의 손실이 나더라도 환율에서 10%의 환차익이 발생한다면 총투자 수익은 5%가 된다.

〈차트 33〉에서 보듯이 환율이 하락(원화 강세)하는 동안 외국인 투자 자금의 유입으로 주식시장은 상승하고, 환율이 상승(원화 약세)하는 기간에는 외국인 투자 자금의 유출로 주식시장이 하락하는 것을 알 수 있다.

만약 환율이 안정적으로 하락하는 추세(원화 강세기)에 있다면 해외의 투자 자금이 국내 증시로 유입되어 주가를 끌어올리게 되므로 주식 투자하기에 적기라고 할 수 있다.

차트 33 환율 변동과 주가 변동(2007년 3월~2010년 4월)

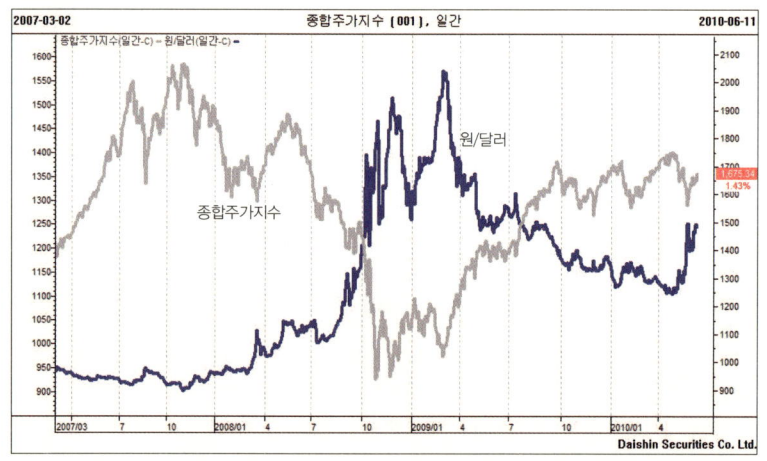

> ★★ **환율을 결정하는 3대 요인**

1. **무역 요인** : 무역 흑자가 지속되면 수출 외화 자금이 국내에 유입되어 달러를 팔고 원화를 사야 하므로 원화가치가 상승하고(환율 하락), 반대로 무역 적자가 누적되면 수입 대금을 지급하기 위해 달러를 사고 원화를 팔아야 하니 원화가치는 하락한다(환율 상승).
2. **투자 요인** : 해외 투자 자금이 국내 주식시장으로 유입되면 주식 매입을 위해 달러를 팔고 원화를 사야 하므로 원화가치가 상승하며, 반대로 국외로 빠져나가면 원화가치는 하락한다.
3. **투기 요인** : 외환시장에서 원화 강세에 베팅하는 외화 자금이 많으면 원화가치는 상승하고, 반대인 경우 원화가치는 하락한다.

오늘날은 실물시장 규모보다 금융시장의 규모가 훨씬 커져서 투자 요인과 투기 요인이 환율에 미치는 영향력이 무역 요인보다 훨씬 크다.

## 주가의 세계 동조화

주가는 경기와 함께 가지만 개별 국가별로 따로 움직이지 않는다. 전 세계 경제는 상호 연관되어 있을 뿐 아니라 투자 자금도 전 세계를 대상으로 동시에 움직이기 때문에 전 세계 국가의 주가도 거의 동시에 움직인다. 이것을 주가의 글로벌 동조화 현상<sup>Coupling, 또는 Synchronizing</sup>이라고 부른다.

미국의 경기지표가 좋으면 미국의 주가가 상승하고, 미국의 주가가 상승하면 다음 날 아시아 주가가 상승한다. 그리고 아시아 주가가 상승하면, 유럽의 주가가 상승한다. 그러다가 유럽에서 갑자기 악재가 발생하면 미국의 주가가 하락하고, 그다음 날 아시아와 한국의 주가가 하락하게 된다.

이렇게 지구가 돌아가는 방향으로 순환적으로 주식시장이 열리게 되고, 주식시장이 열리자마자 간밤의 세계 증시 영향을 그대로 받게 되는 것이 주가의 글로벌 동조화 현상이다.

2008년에 미국의 모기지 채권 부실화로 인해 발생한 금융위기는 미국 증시를 폭락시켰고, 동시에 전 세계 국가의 주식시장이 폭락했다. 이후 2009년부터 미국 증시가 회복하기 시작했고 글로벌 동조화로 전

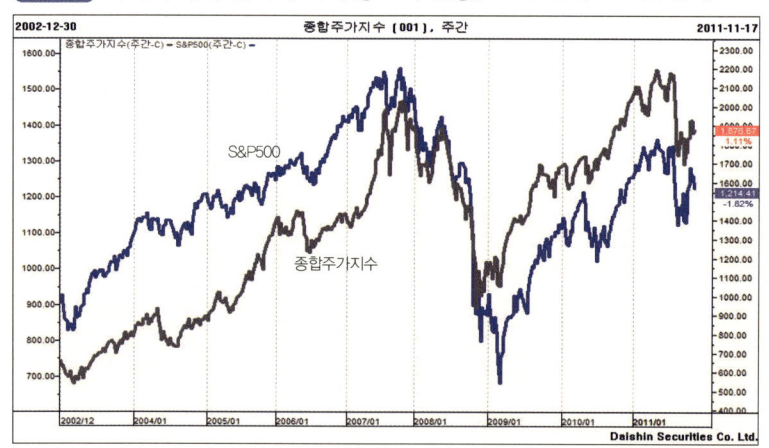

차트 34 미국 주가와 한국 주가의 동조화 현상(2005년 2분기~2012년 1분기)

세계 주식시장이 동시에 회복되었다. 2010년부터는 유럽의 재정위기로 유럽 증시가 불안한 흐름을 보이고 있기 때문에 세계 증시도 유럽 증시의 등락에 따라 매일매일 동조화되는 불안한 흐름을 보이고 있다.

글로벌 주식시장의 동조화 현상은 전 세계의 경제와 금융시장이 상호 연관되어 있어서 어느 한곳에서 장애가 발생하면 전 세계 모든 국가가 영향을 받게 된다.

오늘날 세계 증시는 해외 기관 투자자들이 세계 시장에서 주식을 동시에 사고 팔기 때문에 같이 움직이게(동조화) 되어 있다. 그래서 미국 주가가 하락하면 한국의 주가도 하락하고 현대차 주가도 내려가게 되는 것이다.

# 12. 심리와 주가

    주가를 결정하는 첫 번째 변수가 경기이고, 두 번째 변수는 심리다. 어떤 경우에는 경기가 더 크게 작용하고, 어떤 경우에는 심리가 더 크게 작용한다. 경기가 상승기에 있고 현재 주가보다 기업가치가 훨씬 높은 우량주식을 사놓고도 수익을 실현시키지 못하고 손실을 보고 팔아버리게 되는 원인은 투자자가 심리에 패배하기 때문이다.

    주식시장은 욕심Greed과 공포Fear라는 극단적인 인간심리가 지배하는 곳이다. 이는 실물시장과 현격히 다른 점이다. 실물시장에서는 어떤 물건에 대하여 가격을 싸게 팔수록 매수세가 몰리고 비싸게 팔면 매수세가 줄어드는 특징이 있다. 하지만 주식시장은 실물시장과 반대로 주식의 가격이 비싸질수록 매수세가 몰려들고, 가격이 싸질수록 매도세가 몰려드는 현상이 나타난다.

### 욕심과 버블

주식시장에서 주가가 올라갈수록 매수자가 몰려드는 이유는 주가가 올라갈 때는 온갖 호재가 나오기 때문에 추가 상승을 기대하는 욕심이 작용해서 사고 싶어진다. 이것은 투자자들이 주식을 사니까 주가는 더욱 오르게 되고, 주가가 오르기 때문에 주가 상승에 대해 설명하는 호재가 나오게 되는 것이다. 즉 호재가 있어서 주가가 오르다가 나중에는 주가가 오르기 때문에 호재가 만들어지는 것이다. 이러한 현상은 투자자들의 탐욕으로 인해 나타나는 현상이다. 이 때문에 주가는 단기적으로 기업의 실질가치 이상으로 급등$^{Overshooting}$하는 경향이 있고 버블(거품)을 형성하게 된다.

### 공포와 붕괴$^{Crash}$

주가가 떨어질수록 매도자가 몰려드는 이유는 주가가 하락할 때는 온갖 악재가 쏟아져 추가 하락에 대한 공포로 인해 팔고 싶어진다. 그 순간은 그 주식(기업)의 가치에 대한 생각은 사라져버린다. 순간적인 감정이 이성을 지배해버리기 때문이다.

주가가 떨어지면 떨어질수록 공포감이 커지고 매도세가 몰려오게 되어 투매로 나타난다. 시장은 붕괴되고 주가는 기업의 실질가치 이하의 헐값으로 추락한다.

　이것은 인간의 본능이기 때문에 그 누구도 예외가 없다. 주식시장에서 이러한 인간 본능에 따라 매매하게 되면 대부분 실패하고 손실을 보게 된다. 초보 투자자는 반드시 이 점을 이해해야 하며, 이러한 본능적인 심리상태를 극복해야만 투자에 성공할 수 있다.

　주식 투자는 단기적으로는 심리게임이다. 탐욕으로 인해 고점에서 매수하고 공포로 인해 저점에서 손절매하게 되는 심리적 본능을 극복해야 주식 투자에서 성공할 수 있다. 즉 인간의 본능에 반대로 행동해야 하지만 불가능하다. 이것이 불가능하다면 어떻게 해야 할까? 그래서 투자 전략이 필요한 것이다. 투자 전략은 바로 심리를 통제하기 위한 수단이다.

그림 14 　주가 사이클과 투자심리

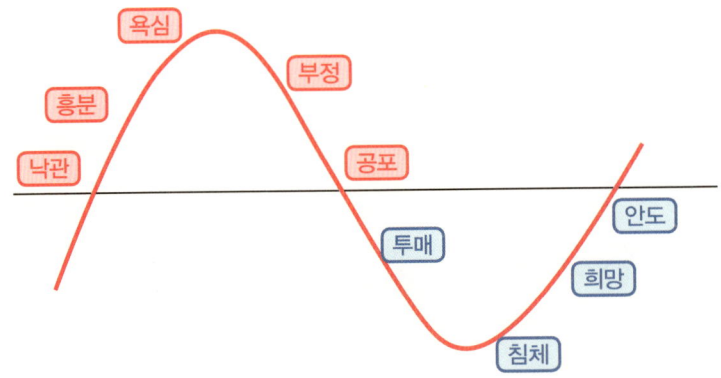

# 13. 실전 투자 응용
## : 현대차 & LG화학

## 아베노믹스와 엔 약세

2012년 11월 일본이 아베 신정부가 들어서면서 장기 침체에 빠져 있는 일본의 경기부양을 위해 무제한 양적완화 정책을 발표하였다(아베노믹스). 일본 중앙은행이 제로금리의 엔화를 무제한 공급하겠다고 발표했고, 이 때문에 엔화는 급속히 약세로 전환했다.

일본의 엔화가치 하락은 일본의 수출 경쟁력이 살아나게 됨을 의미하고, 그렇게 되면 수출 경쟁국인 한국의 수출 경쟁력이 위협받게 되는 것이다.

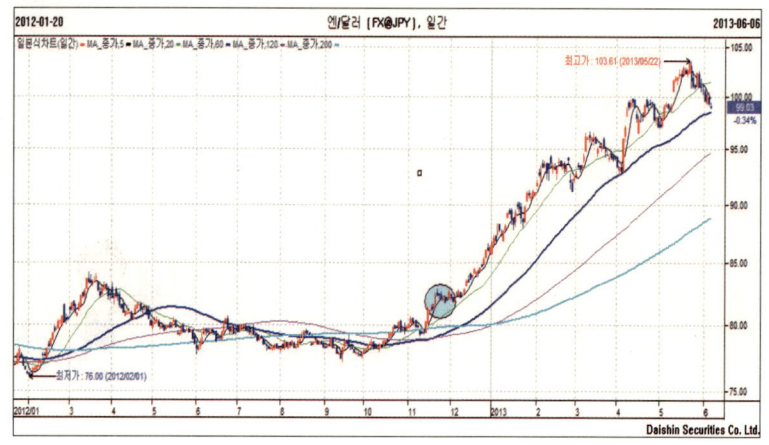

만약 한국이 아베노믹스에 대응하여 통화정책을 양적완화로 대응한다면 어느 정도 방어책이 될 수도 있을 것이다. 하지만 한국의 중앙은행 총재는 그에 대한 아무런 대응책을 생각하고 있지 않았다. 엔화의 가파른 약세는 한국의 수출 경쟁력이 약화되므로, 수출주에게는 공습경계 발령을 내린 것과 마찬가지다.

## 수출주 비중 축소

2012년 말 필자는 엔화 약세로 인한 일본의 수출 경쟁력 강화와 일본 자동차주의 경쟁력 회복을 감안하여 운영 중인 포트폴리오에서 현

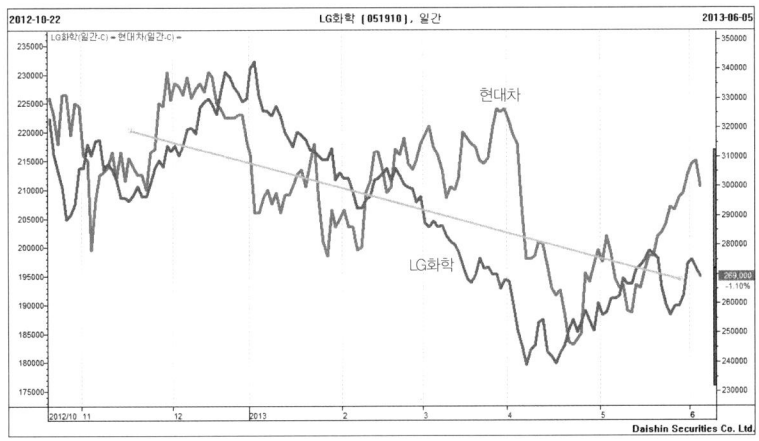

**차트 36** 현대차, LG화학 일간 차트(2012년 10월 22일~2013년 6월 5일)

대차를 비롯한 수출주의 비중을 대폭 낮추었다. 그 이유는 수출 경쟁이 가장 심한 곳이 자동차였기 때문이다. 또한 다른 수출 경기주도 경쟁력이 약화되기는 마찬가지일 것으로 보고, LG화학도 포트폴리오에서 제외시켰다.

이후 엔화 약세는 가파르게 진행되었고, 현대차와 LG화학 주가도 하락했다. 반면에 일본의 증시는 가파르게 상승했다. 일본의 수출 경쟁력 회복과 경기 회복을 기대한 해외 투자 자금이 한국 증시에서 이탈하여 일본 증시로 유입되었기 때문이다.

주식 투자에서 가장 중요한 것은
항상 옳은 결정을 내리는 것이 아니라,
옳은 결정을 내렸을 때
얼마나 많은 수익을 달성하는가이다.
-제시 리버모어-

# 04.
## 투자
## 위험관리 Risk

# 14. 시장 리스크 =변동성 Volitility

○ **시장 리스크**

박주식 씨는 단순히 주가가 많이 떨어졌다고 해서 주가가 곧 올라갈 것으로 생각하고 주식을 샀다가 손실을 본 이후로는 우량주 매매를 결심했다. 우량주 중에서도 업종을 대표하는 대형주를 사는 것이 안전하다고 판단했다.

차트를 보니 웬만한 업종 대표주들은 최근에 주가가 이미 많이 오른 상태라 매수하기가 겁이 났다. 그런데 증권주는 최근에 주식시장이 호황임에도 불구하고 주가는 별로 오르지 못한 상태여서 증권주를 사기로 마음 먹었다.

증권주 중에서 가장 눈에 들어온 종목은 대우증권이었다. 업종 대표주로 알려진 종목이면서 차트상 이중바닥을 벗어나는 패턴을 만들고 있어서 지금 매수하면 급등할 가능성이 있다고 판단했다.

박주식 씨는 투자금 1,800만 원으로 주당 2만 4,000원에 750주를 매수했다. 그런데 매수한 다음 날부터 1주일간 주가는 9%나 하락했다. 박주식 씨는 주당 2만 2,000원에 손절매를 하여 결국 투자금은 1,600만 원으로 줄어들었다.

대우증권의 주가 하락에는 아무런 이유도 없었고, 다른 증권주들도 대부분 그 정도의 하락률로 주가가 떨어졌다.

**차트 37** 대우증권 일간차트

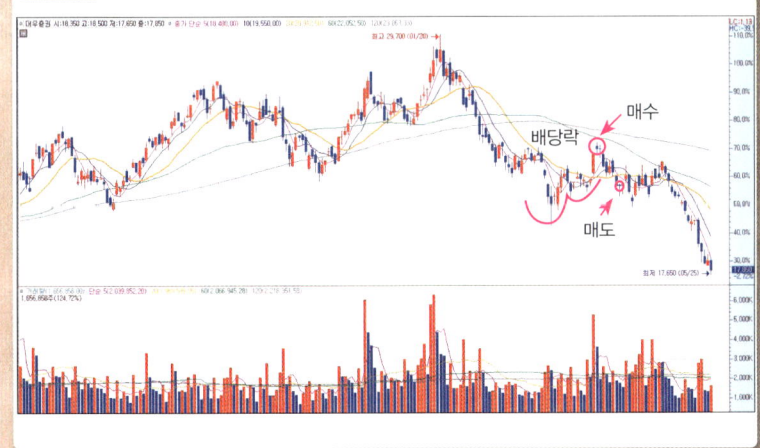

투자자가 확실하게 이해해야 할 또 한 가지는 주식은 위험자산이라는 것과 '위험Risk'의 의미다. 위험자산이란 손실의 위험에 항상 노출되어 있다는 뜻이다. 즉 은행예금의 경우에는 원금 손실이 없지만 주식은 매일 시장 가격이 변동하기 때문에 그날의 시장 가격에 따라 손실 또는 이익이 계좌에 표시된다.

그런데 대부분의 투자자들은 이러한 주식의 특징을 알고는 있지만 충분히 깨닫지 못하고 시장에 들어오는 경우가 많다. 따라서 주식을 매수한 다음 날 약간이라도 가격이 떨어져 손실이 발생하면 몹시 불안해한다.

지식으로 주식을 이해하는 것과 실제 투자를 통해 직접 몸으로 경험하는 것과는 큰 차이가 있다. 따라서 위험자산에 대한 의미를 충분히 인식하는 것이 매우 중요하다.

투자자들은 주식시장이 강세장Bull Market일 때 우량기업의 주식을 사면 당연히 주가가 오르면서 투자 수익이 나는 것으로 잘못 알고 있다. 또 주식을 사면 즉시 주가가 올라가기를 기대한다. 그래서 초보 투자자의 대다수는 우량주식을 사놓고도 주가가 조금만 하락하면 당황하여 손실

을 보고라도 팔게 된다.

주식 투자의 위험은 첫째, 종목을 잘못 선택해서 손실을 보게 되는 위험뿐만 아니라 둘째, 종목을 잘 선택했음에도 불구하고 시장의 변동성(단기 급락)에 불안감을 느껴 손절매하게 될 위험까지 포함하고 있다. 요컨대 주식 투자의 성공 비결은 손실 위험(변동성)을 어떻게 대처하느냐에 달려 있다.

## 단기 조정 Correcion/Pullback

조정이란 강세장 Bull market이 진행 중이라도 어느 정도 주가가 오르면 특별한 악재가 없더라도 주식을 매수한 투자자들의 차익 실현 매물로 주가가 하락하는 현상이다. 이러한 조정은 보통 분기 실적 시즌이 끝나는 시점에 자주 나타난다. 분기 실적 시즌과 다음 분기 실적 시즌 사이의 기업 실적 공백기에서 발생하는 소폭 조정으로 5~10% 정도의 주가 하락이 발생한다.

## 시장붕괴 Crash

강세장이 끝나고 경기가 하강 국면으로 진입하는 시점에 주로 나타난다.

**차트 38** 다우존스 산업지수 주간차트

- 10년 사이클 주기로 반복하는 기술혁신기 : 창조적 파괴 탓에 구기술이 붕괴하고 신기술이 등장하는 과정에서 주가는 고점에서 50%가량 폭락한다.

- 시스템 리스크 : 금융 시스템의 붕괴로 신용경색이 일어나고 금융시장이 혼란에 빠지면서 증시가 폭락하는 현상이다. 금융 시스템이 복구되면 자금 흐름이 개선되어 주식시장이 정상으로 복구된다.
  이 경우에도 주가는 20% 내지 50% 하락한다. 1987년 미국의 블랙먼데이 당시에는 20%의 주가 하락이 있었고, 2008년 금융위기 때는 50%의 주가 폭락이 있었다. 한국의 외환위기 때는 60%의 주가 폭락이 있었다.

## ★★ 리스크 프리미엄과 수익률 갭 Yield Gap

주식 투자 수익률(주당이익÷주가)과 채권 투자 수익률(이자÷원금)의 차이를 수익률 갭이라고 한다. 채권 투자 수익률이 5%이고 주식 투자 수익률이 7%라면 주식 투자 수익률이 채권 투자 수익률보다 높은 것은 맞지만, 주식 투자가 채권 투자보다 유리하다고 할 수는 없다. 주식 투자가 채권 투자보다 리스크가 크기 때문이다. 이를 주식 투자의 리스크 프리미엄이라 한다. 보통 주식 투자 수익률이 채권 투자 수익률의 1.5배 이상(리스크 프리미엄 = 채권 투자 수익률의 50%)이 되어야 주식 투자가 채권 투자보다 유리하다고 말할 수 있다. 현재 주식시장의 평균 주가수익률이 10이라면 주식 투자 수익률은 10%이며, 이는 현재의 채권수익률인 5%보다 2배나 높은 수익률이므로 주식 투자가 채권투자보다 유리하다고 볼 수 있다.

- **주식 투자 수익률** : 이익은 당장 배당하지 않더라도 회사 내부에 유보되어 궁극적으로는 모두 주주에게 배당금으로 지급된다. 주식 투자 수익률은 연간 이익을 주가로 나눈 비율이다.
- 수익률 갭 = 주식 투자 수익률(주당이익÷주가 = 1÷PER) − 채권 투자 수익률(이자÷원금)
- 주식 투자 기대 수익률 = 채권 투자 수익률 + 주식 투자위험(리스크) 프리미엄

# 15. 종목 리스크

○ **종목 리스크**

낙폭 과대 업종 대표주 투자에서 손실을 본 박주식 씨는 실적이 확실하게 뒷받침이 되는 종목을 사야 확실하게 주가가 올라갈 것으로 판단하고 이번에는 사상 최고 분기 실적을 발표한 현대차 주식을 주당 25만 원에 60주를 매수했다.

그러나 현대차 주가 역시 실적 발표 다음 날부터 기관들의 매도가 쏟아져 2주 후 주가는 22만 원으로 하락했고, 화가 난 박주식 씨는 또 다시 매도해버렸다.

개별 종목의 주가 하락 위험에 대하여 투자자는 어떻게 대응해야 할까? 주가가 떨어진다고 해서 보유 주식을 팔아버리는 것이 현명한 대응일까?

## 분기 실적 공표 : 어닝 쇼크와 어닝 서프라이즈

실적 시즌에 기업들이 분기 실적을 발표할 때에 증권사의 애널리스트들이 기업 분석 보고서에서 예상한 실적보다 더 좋은 실적을 발표한 경우 어닝 서프라이즈(깜짝 실적)라고 하고, 예상한 실적보다 나쁜 실적을 발표한 경우 어닝 쇼크(실망 실적)라고 한다.

현대차가 사상 최고의 분기 실적을 발표했다고 하더라도 그것이 이미 예상한 정도의 실적이라면 어닝 서프라이즈는 아니다. 따라서 이런 경우는 실적 발표 이전에 미리 매수했던 투자자들이 단기 차익 실현을 위한 매물이 많이 쏟아져 호실적 발표에도 불구하고 주가는 오히려 떨어지는 경우가 많다. 발표한 실적은 이미 주가에 충분히 반영되었기 때문이다.

다음 분기 예상 실적이 발표된 실적보다 더 중요하다. 만약 현대차의 다음 분기 실적이 계속 좋아진다고 예상되면 기업가치가 올라가므로, 실적 발표로 인한 단기 차익 매물로 주가가 조정을 받을 때가 오히려 저가 매수 기회가 된다. 만약 보유하고 있는 종목이 예상에 못 미치는 부진한 실적을 발표했고, 그것이 일시적인 것이 아니고 지속적으로 나쁜 실적이 예상된다면 기업가치가 하락하는 것이므로 손실을 보더라도 매도해야 한다.

### 실적의 계절 요인

업종에 따라 계절적인 특성이 있다. 패션의류업종의 경우 겨울에 실적이 좋게 나오고(성수기), 여름은 실적이 좋지 않은(비수기) 계절적인 특성이 있다. 따라서 겨울이 다가오면 패션의류업종 회사들의 주가가 실적을 기대하고 상승하는 경향이 있다.

음료회사는 여름이 성수기이고 겨울이 비수기다. 따라서 실적이 좋게 나오는 여름에 주가가 올라가는 특성이 있다. 기술주들은 전자제품이 많이 팔리는 연말연초가 성수기다. 따라서 연말 실적을 기대해서 4분기에 주가가 많이 오르는 연말 랠리(산타 랠리라고도 부른다)는 주로 기술주들이 주도하는 경향이 있다.

### 파산 위험

재무구조가 부실한 회사는 업황이 나빠져 매출이 감소하면 실적이 급속히 악화되어 파산위험이 따른다. 업황이 좋은 경우에도 경쟁사와의 경쟁에 패배하여 시장을 빼앗기게 되면 마찬가지의 결과가 된다. 그러므로 재무구조가 부실한 주식은 가급적 투자 대상에서 제외하는 것이 좋다.

# 16. 리스크 관리

　주식시장이 강세장$^{Bull\ Market}$일 때 주식에 투자해야만 투자 수익을 올릴 수 있고, 약세장$^{Bear\ Market}$에는 시장에서 떠나 있는 것이 좋다고 알고 있는데 이것은 틀린 생각이다. 오히려 약세장일 때 투자 기회가 훨씬 더 많으며, 이때 주식시장에 참여하고 있어야 투자에 성공할 수 있다. 월스트리트의 격언에 "황소$^{Bull\ Market}$도 돈을 벌고 곰$^{Bear\ Market}$도 돈을 벌 수가 있다"라는 말이 있다.

　약세장에서 주가는 기업 실적이 나빠지는 정도보다 훨씬 더 과도하게 하락하기 때문에 주식의 가격 왜곡 현상이 심해지게 된다. 따라서 장기 투자자에게는 약세장이 오히려 우량주를 싸게 살 수 있는 좋은 기회이다. 약세장에서 좋은 주식을 사서 보유하게 되면, 강세장이 왔을 때 높은 투자 수익을 올리게 된다. 또한 창조적 파괴가 일어나는 기술혁신기에는 창조적 파괴로 인한 약세장이 신기술 혁신을 선도하는 성장주를 발굴하는 기회가 된다.

강세장에서 보유하고 있던 주식을 약세장을 만났을 때 어떻게 대처할 것인가, 또는 예상하지 못하는 시장 변동에 어떻게 대처할 것인가가 리스크 관리이며 리스크 관리를 잘하면 투자 성과가 좋아진다.

## 분산 투자

주식 투자에 있어서 손실 위험을 방어하는 가장 중요한 전략 중 하나가 분산 투자다. 만약 당신의 포트폴리오가 적절하게 분산된 포트폴리오*라면 조정Correction(단기적인 주가 하락) 시에 견딜 수 있다. 그리고 금융위기와 같은 대재앙으로 인한 폭락Crash에도 빠른 원금 회복이 가능하다.**

* **포트폴리오**(Portfolio) : 여러 종목의 집합체를 뜻한다. 만약 당신이 현대차, 삼성전자, 포스코 세 종목에 투자하고 있다면 이 종목들이 당신의 주식 포트폴리오이다.

** 주식시장에는 두 가지 위험이 있다. 하나는 글로벌 신용위기처럼 시장 전체가 하락할 만한 위험이고, 다른 하나는 지수와 관계없이 특정한 개별 종목이 하락할 위험이다. 전자를 체계적 위험(시장 위험)이라 하고, 후자를 비체계적 위험(개별 위험)이라고 한다.

그림 15 분산된 포트폴리오

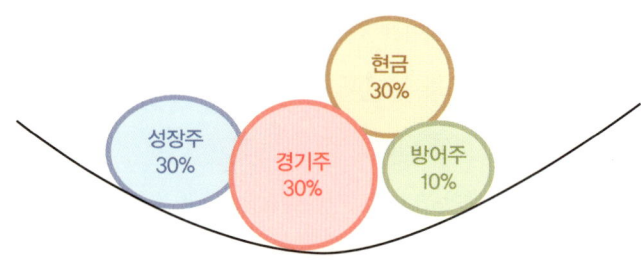

'계란을 한 바구니에 담지 마라'는 증시 격언은 분산 투자를 통해 위험을 줄이라는 포트폴리오 이론으로 이미 주식시장의 정설이다. 그렇다고 지나치게 많은 종목에 분산 투자하라는 말이 아니다. 최소한의 종목에 집중하여 분산 투자해야 한다. 분산 투자의 전략적 효과는 다음과 같이 정리해볼 수 있다.

첫째, 개별 종목의 손실위험을 방어Hedge할 수 있다
물론 우량종목을 골랐겠지만, 아무리 좋은 기업이라고 하더라도 예측할 수 없는 돌발사태로 인한 주가 하락 위험에 노출되어 있다. 주요 납품회사가 부도가 날 경우 기존의 매출대금을 못 받게 될 뿐만 아니라 영업활동에 심각한 타격을 입게 되어 연쇄부도의 가능성도 생긴다. 언제 어떤 경우에도 파산 확률이 제로인 기업은 없다.
몇 개의 종목에 분산 투자되어 있을 때는 그 중에서 한 개의 기업에

서 손실이 발생하더라도 전체 포트폴리오의 손실을 최소한으로 방어할 수 있게 된다. 한 종목의 비중이 전체 포트폴리오의 20% 이상을 차지하는 것은 바람직하지 않다. 즉 아무리 좋아 보이는 종목이라도 그 종목에 대한 투자 금액이 전체 투자 자금의 20%를 초과하지 않는 것이 좋다.

주식 투자에서 확실한 것은 아무것도 없다. 아무리 좋아 보이는 종목이라도 의외의 악재로 인해 급락하거나 심지어 파산할 수 있기 때문이다. 그 경우에 그 종목의 손실이 아무리 크다고 하더라도 전체 포트폴리오에 미치는 손실은 20% 이내로 제한된다. 될 수 있으면 성격이 서로 다른 종목에 분산 투자해야 그 효과가 커진다. 유사한 성격의 주식은 주가 하락의 위험성도 비슷하므로 분산 투자의 의미가 줄어든다.

### 둘째, 업황 변동성을 방어Smoothing할 수 있다

한 개 종목에 집중 투자했을 때는 해당 업종의 업황 변동에 그대로 노출된다. 어떤 업종과 종목이 장기 성장 사이클에 진입해 있더라

---

\* **해외 분산 투자** : 일부 투자 자금을 국내보다 기대수익률이 높은 지역에 투자함으로써 전체 포트폴리오 수익률을 높이는 방법이다. 투자 대상국의 통화가 강세이면 주식 투자 수익률과 환차익으로 인한 이익을 모두 누릴 수 있다.

\*\* **극단적인 분산 투자** : 상장지수펀드(ETF)는 종목 분산의 극단적인 경우로, 종목을 고르지 않고 시장 전체의 종목을 골고루 사는 방법이다. 시장평균수익률에 만족하는 방어적인 투자자에게 적당한 투자 방법이다.

**그림 16** 업황 사이클이 정반대인 두 종목의 포트폴리오

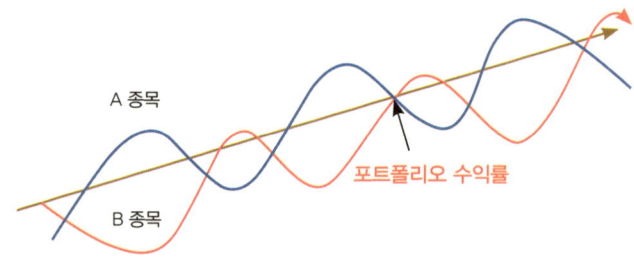

도, 단기적으로는 호황과 불황의 짧은 사이클을 반복하게 되고 업종에 따라 계절 효과가 다르게 나타난다.

실적과 주가 역시 그에 따라 등락하게 된다. 확신을 가지고 장기 투자를 한다 해도 이러한 단기적인 주가 변동에 투자자의 심리는 흔들리기 마련이다. 그러므로 성격이 서로 다른 종목에 분산 투자하면 업황 사이클의 변동을 서로 상쇄시키는 효과가 있다. 다시 말해 개별 종목들의 주가 등락이 평준화되어 포트폴리오의 수익률을 안정적으로 끌고 갈 수 있다.

## 분할 매수와 분할 매도

만약 신중하게 선택한 종목을 매수하자마자 시장의 변동성으로 주가가 하락하게 되면, 투자자는 마치 자신이 바보가 된 느낌이 들고 화

가 나서 충동적으로 팔아버리게 될 가능성이 크다.

대부분의 투자자들은 선택한 주식을 최저점에서 매수하려고 노력하겠지만 그러기란 거의 불가능하다. 그래서 한꺼번에 매수하지 말고 목표 금액의 1/3 정도씩 3회에 걸쳐 분할로 매수하는 것이 좋다. 그렇게 되면 평균적으로 저점 근처에서 매수할 수 있게 되며, 이를 평준화 효과Smoothing Effect라고 한다.*

매도 시에도 최고점에 매도하는 것은 현실적으로 불가능하므로 매수할 때와 마찬가지로 분할로 매도하면 비교적 고점 근처에서 매도하는 효과를 볼 수 있다.

## 보유비중 조절 : 리밸런싱Rebalancing

리밸런싱은 언제나 총 투자 금액 중 현금보유 비중을 총 투자 금액의 일정비율(30% 정도가 적당)로 유지하는 전략이다. 이것은 주식시장의 예상치 못한 폭락에 대한 위기 방어대책이다. 주식을 100% 보유하게

---

* 정액매입법 : 분할매수의 극단적인 방법으로, 매월 또는 정기적으로 동일한 금액의 주식을 매입하여 매수 가격의 평준화를 추구하는 방식이다. 장기 투자의 경우 시장 등락에 신경 쓰지 않아도 되는 장점이 있다.

되면 시장이 약간 출렁거리기만 해도 계속 보유해야 할지, 팔아야 할지에 대한 심리적인 부담감이 매우 높아지게 된다.

시장의 출렁거림은 주식 보유자의 감정을 동요시키고, 평소 그 주식에 대한 신뢰를 깨뜨려 결국에는 자신감 상실로 이어지게 한다. 총 투자 금액의 30% 정도를 현금으로 보유하는 전략은 여기에 대한 예방 조치다. 이것이 바로 심리적인 안전장치가 되는 것이다.

만약 강세장에서 보유 주식의 주가가 상승하여 총 투자 금액에서 차지하는 주식평가액의 비중이 90%로 증가하게 되면, 주식의 일부를 매

그림 17  리밸런싱

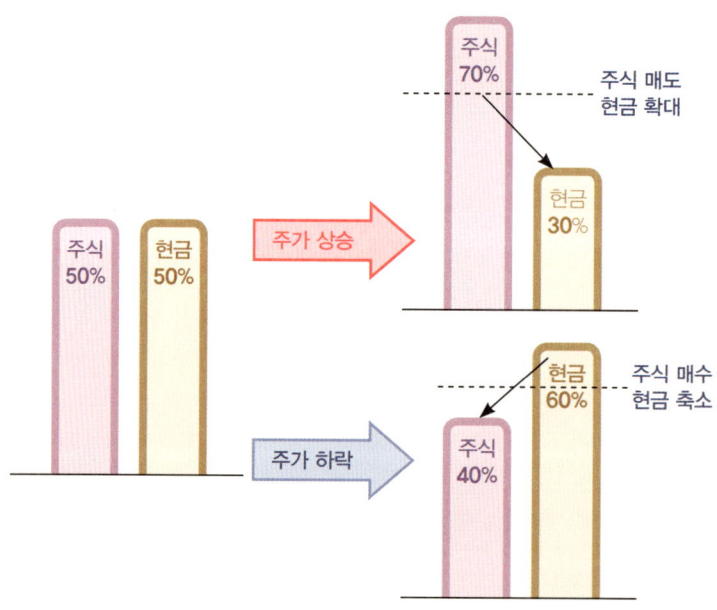

도(차익 실현)한 후 현금화하여 주식비중 70%, 현금비중 30%로 균형을 맞춘다.

반대로 갑자기 주식시장이 붕괴하여 보유 주식의 주가 하락으로 주식평가액의 비중이 40%로 줄어들면 보유 현금으로 주식을 추가로 매수하여 주식평가액과 현금의 비중을 70% 대 30%로 균형을 맞춘다. 이렇게 하면 약세장에서 주식수가 늘어났기 때문에 증시가 강세장으로 반등할 때 손실복구(원금 회복)가 훨씬 빨라진다.

# 17. 실전 투자 응용 : 포트폴리오 만들기

이 책을 집필했던 2010년 9~10월경 필자의 실제 포트폴리오 운용 사례이다. 먼저 기본적인 원칙은 다음과 같다.

## 포트폴리오 종목의 구성

첫째, 투자 원칙은 장기 투자의 전략으로 접근하되 일부 단기 매매를 병행한다.

기본 포트폴리오는 장기 투자 주식의 비중을 70%로, 현금의 비중을 30%로 하는 것이다. 현금비중 30%는 위기 상황에 대비한 안전 장치이지만 평소에는 단기 매매에 활용한다.

둘째, 성장 업종에서 주도 종목(업종 내 경쟁력) 위주의 포트폴리오를 구성한다. 포트폴리오 구성의 최대 한도는 종목당 30%로 정한다.

- 안정 성장주 2종목, 최대 30%(종목당 15%)
- 경기주 2종목, 최대 30%(종목당 15%)
- 시장위험 방어주 한 종목, 최소 10%
- 현금 30%

이러한 원칙하에 필자는 투자 종목을 다음과 같이 선택하였다.

- 경기주 : 자동차 업종 중 한 종목 투자 금액 비중 30% – **기아차**
- 장기 성장주 : 필수 소비주 한 종목 투자 금액 비중 30%
  – **아모레퍼시픽**
- 시장위험 방어주 : 금 관련주 투자 금액 비중 10% – **고려아연**

당신이 포트폴리오 투자 종목을 필자와 다르게 구성하더라도 방어주 한 종목은 반드시 포함시키는 것이 좋다(필수 포트폴리오). 예를 들어 당신의 투자성향이 주도주 한 종목만으로 투자를 원하는데 그 중 '기아차'가 가장 마음에 든다면, 당신의 포트폴리오는 최소한 2종목과 현금, 즉 기아차(60%), 고려아연(10%) 그리고 현금(30%)로 포트폴리오를 구성하는 것이 좋다.

금은 안전자산으로 시장위기 때 시장을 방어하는 역할을 해준다. 2007년 하반기에 세계 금융위기가 시작되고 주식시장이 본격 약세장 Bear Market으로 진입하기 시작했을 때 국제 금 가격은 주식시장에서 빠져나온 자금이 유입됨으로써 주가와 반대로 급격하게 상승하였다. '금'을 포트폴리오에 편입해놓는 것이 예상하지 못한 시장위험을 방어하는 전략이다. 금을 사는 것이 불편하다면 대신에 금을 생산하는 '고려아연'을 편입하는 것이다. 금과 고려아연 주가는 동행하기 때문이다.

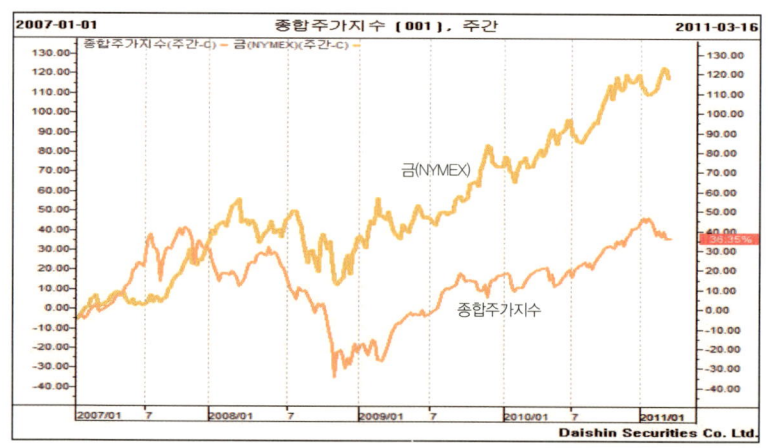

차트 39 종합주가지수와 금의 가격 변동(2007~2010년)

# 종목 선택

### 장기(안정) 성장주

초보 투자자가 가장 먼저 고려해야 할 투자 종목은 장기(안정) 성장주다. 만약 당신이 초보 투자자라면 투자 대상 종목을 안정 성장주에 집중하라. 경기주가 토끼주라면 장기(안정) 성장주는 거북이 주식이다. 느리지만 결국에는 거북이가 토끼를 이긴다. 투자 실패 위험이 가장 낮다. 경기 사이클을 타지 않고 지속적으로 기업가치가 올라가기 때문에 성공 가능성이 가장 높다.

첫째, 필수 소비재인가?
둘째, 독점적 시장지배력이 있는가?
셋째, 브랜드 인지도가 확고한가?

**실전 연습 1 ▶▶** **아모레퍼시픽(2010년 1월 매수)**

### 업황 점검 : 중국 소비의 패러다임

아모레퍼시픽은 국내 화장품업계 1위 업체이다. 국내는 물론 중국에서도 브랜드 인지도가 높아 시장에서 독과점적인 지위를 차지하고 있으며, 중국 내수시장은 아모레퍼시픽의 거대한 잠재시장으로 평가받는다. 화장품업종은 경기를 타지 않으며, 소비 심리로 인해 불경기에서도 수요가 감소하지 않는 장점이 있다(경기 악화에 둔감). 따라서 화장품업종 내 대표주인 아모레퍼시픽은 장기 성장주로서 손색이 없다.

**업종 내 경쟁력 및 기업가치 평가**

업종 내 경쟁사로는 LG생활건강이 있다. 브랜드 인지도를 살펴보면 아모레퍼시픽이 LG생활건강보다 더 강력하며, PER로 볼 때 가격은 둘 다 비슷하다. 2010년 9월, 아모레퍼시픽의 PER이 20배 내외라면 장기 성장주의 가격 밴드(PER 20~30)의 하단에 머무는 수준으로 비교적 저평가 상태다. 현 시점에서 일단 목표량의 1/3 금액을 매수해서 초기 포지션을 구축한다. 이후의 추가 매수는 차트를 보면서 저가 매수 타이밍을 기다린다.

**차트를 통한 매매 타이밍 잡기**

장기 성장주의 특성 중 하나가 저가 매수 기회가 잘 오지 않기 때문에 매수 기회를 잡기 위해서는 끈기 있게 기다려야 한다. 일반적인 매수 기회는 분기실적 발표 직후에 차익 실현 매도로 주가가 조정할 때다. 의외의 돌발 악재로 주가 하락이 있을 경우 또한 좋은 매수기회다. 분기실적이 일시적으로 나빠서 어닝 쇼크로 주가가 급락한다면 오히려 좋은 매수 기회다.

차트 40  아모레퍼시픽 일간차트(2009년 10월~2010년 3월)

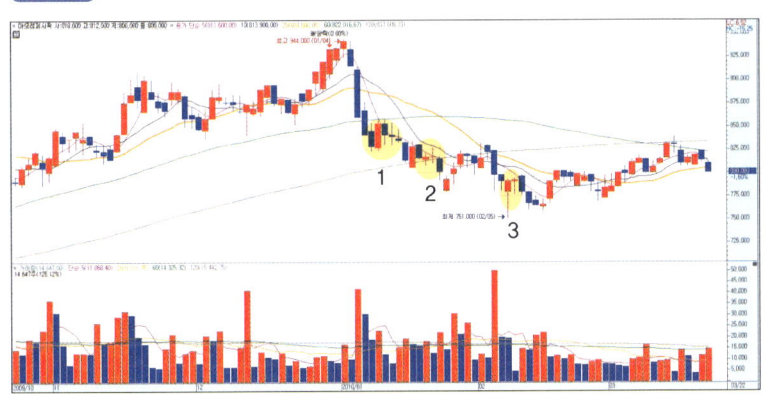

차트 41  아모레퍼시픽 일간차트(2009년 4월~2010년 9월)

2010년 1분기에 아모레퍼시픽에 큰 폭의 조정이 있었다. 2009년 4분기 실적 실망이 미리 노출되면서 주가가 급락한 것이다. 하지만 장기 성장주의 분기 실적 실망은 일시적인 현상이므로 이때가 매수기회다.

〈차트 40〉을 보면 60일 이동평균선을 이탈한 1월 8일에 1차로 매수(목표 금액의 1/3)하고, 1월 18일에 120일 이동평균선에서 반등을 예상하고 2차 매수한다. 그러나 이후 반등에 실패하며 예상 외로 주가가 약세를 지속하므로, 2월 5일 긴 아래꼬리를 단 양봉을 상승 변곡점으로 보고 마지막 3차로 추가로 매수한다.

주가가 다시 상승하기 시작하여 6월 말 주가가 100만 원을 돌파했을 때, 보유 물량의 1/3을 매도하여 차익을 실현한다. 90만 원 이하의 가격으로 내려오면(매도 가격에서 10% 하락) 재매수하려고 했으나, 기회를 주지 않고 이후 랠리를 지속하고 있기 때문에 2/3 물량만 계속 보유하면서 추가 상승 시마다 분할로 차익 실현하면 된다.

### 경기주

**실전 연습 2 ▶▶ 기아차**

**업황 점검 : 한국 자동차의 세계 시장점유율 확대**

한국의 자동차산업은 2009년부터 사상 최고의 호황기를 맞이하였다. 2008년 글로벌 신용위기로 미국의 자동차산업이 몰락했고, 세계 최고인 일본의 도요타 자동차도 부품결함으로 인한 리콜 사태로 추락하면서 한국의 자동차산업(현대차 그룹)은 세계 시장 점유율을 확대하는 절호의 기회를 맞이하였다.

현재 세계 자동차산업에 불어 닥친 가장 큰 변화는 자동차의 주 소비시장이 미국에서 중국으로 바뀌고 있는 것이다. 중국은 거대한 인구에다가 경제성장에 따른 소득 증대로 엄청난 잠재력을 가진 시장이 되었으며, 중국 내 현대차의 시장점유율 또한 급성장하고 있다.

### 업종 내 경쟁력 및 기업가치 평가

필자가 현대차보다 기아차를 투자 대상 종목으로 결정한 이유는 기아차 주가가 현대차 주가보다 상대적으로 더 싸기 때문이었다. 현대차의 PER이 8배이고, 기아차의 PER이 6배라면 기아차 주가의 상승 여력이 더 크다고 볼 수 있다. 물론 기아차의 차입금이 현대차보다 많은 것은 가치 할인의 요인이 되지만, 업황이 매우 좋기 때문에 차입금 부담은 이제 크게 신경 쓸 필요가 없다.

차트 42 기아차 주간차트

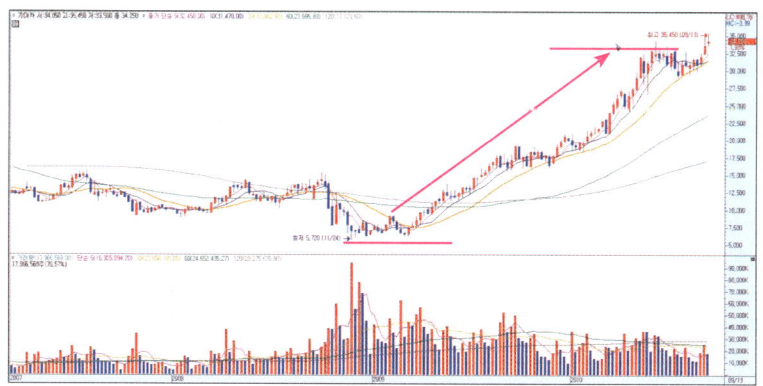

그런데 기아차의 주가 흐름을 보면 2009년 3월 최저점일 때와 2010년 9월을 비교해보니 거의 5배나 올랐기 때문에 신규로 매수하는 것은 심리적으로 매우 부담스러운 상황이다. 그렇지만 세계 자동차 시장에서 현대차나 기아차와 경쟁 대상인 폭스바겐이나 도요타의 PER 수준이 14배가 넘는 수준임을 비교할 때 아직 추가 상승 여력은 충분하다고 보이므로, 포트폴리오에 편입할 이유는 충분하다.

**차트를 통한 매매타이밍 점검**

주도주로 편입을 결정했으면 현 주가에서 일단 목표 금액(총 투자금의 20%)의 1/3 정도를 매수한 후 추가 매수 기회를 기다린다. 첫 매수 이후 주가가 5% 이상 하락했을 경우 1/3에 해당하는 금액을 추가 매수(2차 매수)하며, 만약 매수 이후 주가가 상승하면 더 이상 추가로 매수하지 않는다. 그러면 언제 추가 매수하는 것이 좋은지 정리해보자.

첫째, 분기 실적 발표 후 다음 실적 시즌까지의 기간이 저가 매수의 기회다.

〈차트 43〉에 표시된 1번은 2010년 1분기 실적 발표 후 기관의 차익 실현 매도로 인한 주가 약세기간이고, 3번은 2분기 실적 발표 후 기관 매도로 인한 주가 약세기간이다.

기관 투자자들은 보통 분기 실적 발표 직후에 집중 매도하여 차익을

**차트 43** 기아차 일간차트

실현하는 것이 일반적인 행태다.

둘째, 시장의 돌발 악재로 주가가 단기 급락할 때가 저가 매수의 기회다.

〈차트 43〉의 2번은 유럽 재정 리스크라는 시장 악재가 발생하여 주가가 급락했을 때다. 기아차가 유럽 시장에서 수출이 감소하여 실적이 나빠질 것이라는 우려감이 작용한 것이다.

만약 단기 투자자(매매자$^{Trader}$)가 차트 매매를 한다면 1~3번 모두 20일 이동평균선을 이탈한 상태이므로 추세 이탈로 보고 손절매를 했을 것이다. 그러나 장기 투자자에게는 이때가 저가 매수를 위한 기회가 되며, 포트폴리오의 편입 비중을 확대할 타이밍이다.

## 방어주(자산가치 저평가주)

> 실전 연습 3 ▶▶ **SBS**

**업황 점검 : 방송 미디어업종은 위험(악재)과 기회(호재) 공존**

- **악재**(신규 경쟁자의 시장 침입) : 한국의 방송미디어 업종은 신문사들(조선, 동아, 중앙, 매경)의 방송시장 진입(종합편성 보도채널 허용)으로 기존 지상파 3사 간의 경쟁에 더하여 광고시장 경쟁이 더욱 심해지고 있다. 또한 케이블 채널이나 인터넷 등 방송과 통신의 융합으로 광고시장의 파이가 더욱 줄어드는 위험에 처해 있다.

- **호재**(콘텐츠 판매시장의 확대) : 방송 콘텐츠를 판매할 수 있는 통신 플랫폼 수단이 폭발적으로 확장되고 있다. 때문에 콘텐츠를 잘 만들어내면 콘텐츠 판매 수익이 엄청나게 늘어날 수 있는 기회도 함께 가지고 있다.

모바일 인터넷 기술혁신이 2009년부터 장기적으로 진행되고 있기 때문에 방송 콘텐츠의 판매 시장도 계속 커지고 있다. 방송사 간의 경쟁력은 콘텐츠 경쟁력으로 승부가 갈리게 된다. 좋은 콘텐츠에는 비싼 광고가 붙게 된다.

### 투자 포인트 : 자산가치 저평가 매력

필자가 SBS를 주목한 이유는 SBS의 드라마 콘텐츠의 시장지배력과 그동안 지배력 확보를 위해 투자된 무형자산의 가치다. 드라마 시청률 1위의 파워는 일시적이 아니고, 동사가 지속적으로 유지하는 경쟁력이다.

한류열풍으로 드라마나 연예 프로그램 판매가 다양한 플랫폼을 통하여 일본뿐 아니라 아시아, 중국, 유럽, 미국 등 전 세계로 확산 가능하다. 종편 채널이 시장에 신규 진입해서 경쟁력을 갖추기 위해서는 약 1조 원 이상의 자금 소요가 필요하고 수년간의 시간이 경과해야 가능하다. 종합편성채널의 시장 진입으로 SBS의 장래 광고 수입이 줄어들 것이라는 막연한 걱정으로 주가가 하락하여 SBS의 시장가치가 하락했다면 이는 매우 좋은 매수 기회가 된다.

종편 채널 허가에 필요한 최초 설립 자본금이 3,000억 원이었고, 허가를 받은 이후에 정상궤도에 진입할 때까지 투자되어야 하는 자금이 약 1조 원 이상이라는 것이 국내 방송사의 현실이다. 그렇다면 SBS는 최소한 1조 원(주당 6만 원) 이상의 실질가치가 있다고 볼 수 있다.

필자는 2010년 9월 초 SBS 주가가 3만 원을 이탈하는 가격은 절대 저평가 구간으로 보고 방송을 통해 적극 매수 추천했다. 주당 3만 원은 SBS의 시가총액(1주당 가격×총 발행주식수)이 5,000억 원밖에 안 되는 가격이다. 현재 시가 5,000억 원은 실질가치(1조 원)의 절반도

**차트 44** SBS 일간 차트

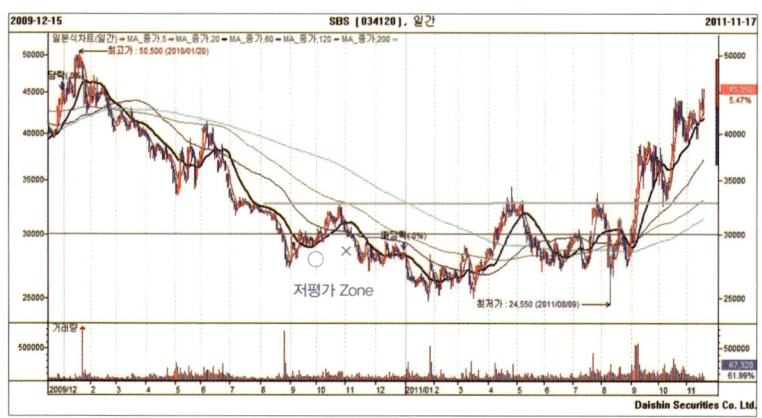

안 되는 것이며, 또한 신규 진입 방송사에 비해 절대적으로 저평가 상태인 셈이다.

그러나 SBS에 대한 투자 수익이 실현되는 데는 1년간의 끈기 있는 기다림이 필요했다. 2011년 11월 17일 현재 투자 수익은 약 50%이지만, 만약 당신이 SBS에 장기 투자를 한 것이 아니고, 단기 매매로 접근한다고 했을 때 2010년 9월에 필자가 추천한 시점에 매수했더라도 그후 한 달이 못 되어 손절매해야 했을 것이다.

만약 SBS에 대한 자산가치에 투자했다면 주당 3만 원 이하의 가격에서 매수할 수 있는 구간은 매우 많으며 매수 후 가치를 회복할 때까지 기다릴 수 있다는 확신이 필요하다.

# 보유 현금의 활용
## : 리밸런싱 Rebalancing

첫째, 종목 간 비중을 조절한다

포트폴리오 종목 중 어느 것이라도 단기적으로 주가가 급등하는 오버슈팅이 보이면 일부는 차익을 실현(보유비중 축소)한 후 이후 주가 조정 시 재매수해서 보유비중을 확대한다.

둘째, 주식 매수를 확대한다

반대로 펀더멘털상의 변화가 아닌데도 주가가 많이 하락한 경우에는 보유 현금을 가지고 추가 매수한다. 이것은 단기 매매에서 금기시되는 물타기와는 다른 개념이다. 저가에 최대한 많은 물량을 확보하는 포트폴리오 강화 전략이다.

셋째, 종목을 교체한다(매도)

**펀더멘털의 훼손**

포트폴리오 종목 중 어느 것이라도 펀더멘털에 변화가 오면 매도한다. 개별 요인(회사 요인)으로 예를 들면 제품의 공급 과잉론이 나오거나 그로 인한 애널리스트의 투자의견 하향 리포트가 설득력이 있을 경

그림 18 리밸런싱 과정

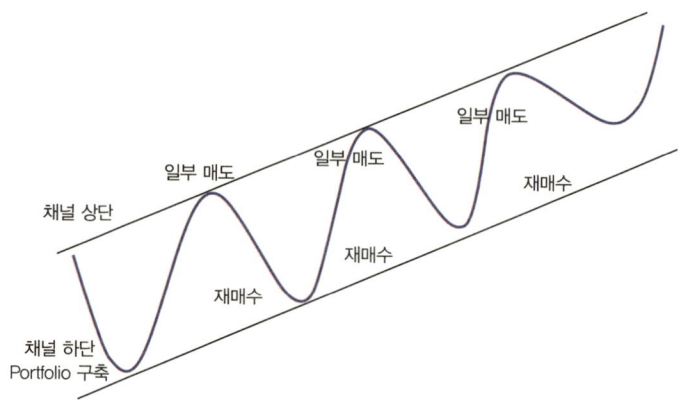

우다. 시장의 중요한 하락 변곡점이 예상될 경우에도 마찬가지다.

**목표가 도달**

보유 종목의 적정가치(목표가)에 도달하면 매도를 고려한다. 그러나 많은 경우 투자 대상 종목이 목표가에 도달하면 증권사 애널리스트들은 목표가를 상향 조정한다.

회사의 예상 실적이 기대했던 것보다 더 좋아져 기업가치가 올라갈 것이라는 등 온갖 그럴듯한 근거를 갖다 붙인다. 그러나 이 경우 투자자의 세심한 판단이 필요하다.

애널리스트들은 단순히 주가가 목표가에 도달하면 기계적으로 목표가를 올리고 근거를 만드는 경우가 많기 때문이다. 애널리스트들은 주가가 자기가 설정한 목표가를 돌파하게 되면 마치 예상을 잘못하여 목표 가격을 지나치게 낮게 잡은 것이 아닌가 하는 착각에 빠져서 서둘러 목표 가격을 올려 잡는 경향이 있다. 그러므로 애널리스트의 판단을 그대로 수용하면 안 된다.

포지션을 정리했다고 매매가 끝난 것은 아니다.
이것을 분석하고 또 배워야 한다.
많은 사람이 자신의 실수를 접어버리고 다음 매매 기회를 찾는다.
결과 분석은 감정적인 매매에 대한 교정 수단이다.
-알렉산더 엘더-

# 05.

# 단기 매매
## (트레이딩 Trading)

# 18. 매매자 Trader 와 투자자 Investor

○ **당신은 트레이더인가, 투자자인가**

전업 투자자로 슈퍼개미가 된 김성공이라는 사람이 있다. 그는 1986년 한국 자본시장이 본격적으로 선진화되는 시점에 증권주에 투자해서 큰돈을 벌었고, 이후 전업 투자자로 변신하여 지금까지 순탄한 길을 걸어오며 슈퍼개미로 유명해진 사람이다.

김성공 씨는 2005~2006년에 걸쳐 STS반도체를 꾸준히 매수하였다. STS반도체는 반도체 패키징(후공정) 업체로 삼성전자의 하청주

문을 받아 납품하는 회사이며, 삼성전자와 사돈관계인 보광그룹의 계열사다.

김성공 씨는 주변 친구들에게 STS반도체의 투자가치에 대해서 꾸준히 설명했다. 그가 주식 투자로 큰돈을 번 슈퍼개미인 것을 알기 때문에 대부분이 그의 말을 따라서 그 회사의 주식을 샀다. 그런데 웬일인지 시간이 가도 주가는 오를 기미를 보이지 않았다. 급기야 2005년 말에 주당 9,000원이 넘었던 주가는 2007년 하반기부터 현저히 하락세로 기울었다. 그리고 2008년에는 글로벌 금융위기라는 무서운 폭풍에 휩쓸리면서 주가는 1,300원까지 추락하고 말았다.

김성공 씨를 따라서 STS반도체 주식을 매수했던 주변 친구들은 대부분 주가하락을 견디지 못하고 헐값에 처분하면서 간신히 빠져 나오긴 했으나 모두 큰 손실을 입고 말았다.

그러나 김성공 씨는 그대로 주식을 보유했고, 2009년 봄에 이르

차트 45 STS반도체 주간차트

러 STS반도체가 50% 증자를 추진할 때 참여하여 주당 1,900원에 발행한 신주를 인수하였다. 이후 2009년부터 금융위기가 수습되고 세계 경기가 회복되기 시작하면서 STS반도체 주가도 금융위기 이전 수준으로 회복되었다. 2010년 봄, 김성공 씨는 드디어 갖고 있던 주식을 모두 처분하였다. 김성공 씨가 이때 처분한 주식의 가격은 금융위기 이전에 매수했던 평균 가격인 주당 6,000원이었는데, 그 수량 중 50%는 증자 신주로 인수한 가격인 1,900원이므로 이것만 놓고 본다면 200%가 넘는 투자 수익을 올린 것이다. 다만 본래 보유했던 수량에 대해서는 원금을 회수하는 정도였으므로 결국 김성공 씨의 총 투자 수익률은 24%이다.

주식 투자자는 처음 주식시장에 발을 들여놓게 되면 대개 다음과 같은 3단계의 시행착오를 거친다.

1단계 : 즉흥적 매매 단계 Operating Level
- 투자 대상 기업의 사업 내용을 모른다.
- 투자 대상 기업의 재무구조를 모른다.
- 다른 사람의 말을 듣고 따라서 산다.
- 신문에 호재 Good News 가 나오면 사고, 악재 Bad News 가 나오면 판다.

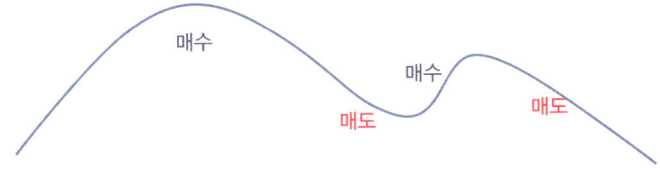

- 결국 고점에서 매수하고 저점에서 매도하는 매매를 하게 됨으로써 손실이 누적된다.

2단계 : 단기 추세 매매 단계 Trading Level
- 즉흥적 매매 단계에서 실패한 후 좀 더 체계적인 매매를 하려고 노력한다.
- 매수 타이밍과 매도 타이밍 포착에 목표를 둔다(저점 매수, 고점 매도).
- 차트를 공부한 후 기술적 매매를 시도한다.
- 외국인, 기관 등 대형 세력들의 움직임을 중시하며 그들을 따라 한다.

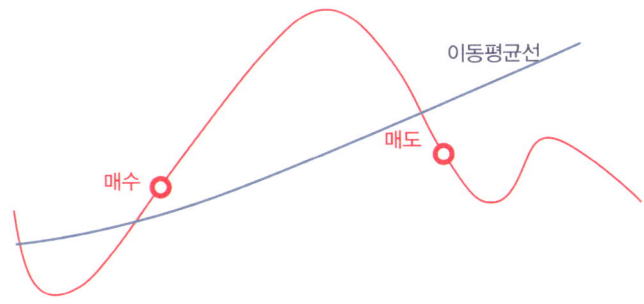

- 수급(매수세와 매도세)을 눈여겨보며 전략적으로 매매한다. 즉 매수세가 감지(수급 호전)될 때는 매수하고 매도세가 감지(수급 악화)될 때는 매도한다.
- 매수 후 주가가 하락하면 손절매한다.
- 단기 추세 매매에 실패하면 대부분 투기적 매매로 되돌아간다.

3단계 : 장기 투자 단계|Investor Level

- 단기 추세 매매에 열심히 매진했으나 노력에 비해 투자 수익이 나지 않는다는 것을 깨닫게 되면 이 단계로 이동한다.
- 주가의 타이밍을 맞추기보다는 안정적인 사업에 장기적으로 투자해야 큰 수익이 난다는 것을 깨닫고 업황과 사업 전반에 대하여 공부한다.
- 기업 수익의 배경이 되는 펀더멘털에 관심을 둔다.
- 단기 전술적Tactical 접근이 아닌 중장기 전략적Strategic 방법으로 종목에 접근한다.

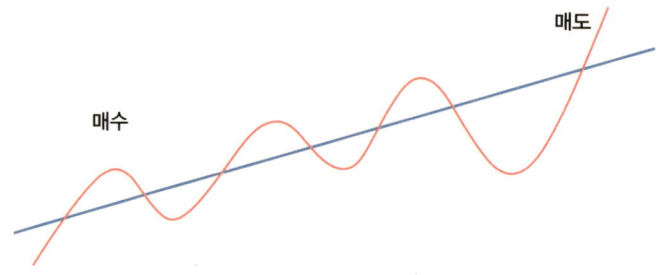

- 경제의 큰 추세를 포착하고 변화(패러다임 시프트 : 세계 경제 구조의 변화나 기술혁신, 기존 사고의 변화 등 큰 흐름의 변화를 의미)를 선도하는 기업에 베팅한다.

투자 전략의 두 번째 원칙은 '당신이 Trader(매매자)인지 Investor(투자자)인지를 분명히 구분하라'는 것이다. 주식 투자에 성공하기 위한 중요한 투자 전략의 핵심 중 하나는 바로 장기 투자이다. 주식 투자에 입문할 때 당신은 위에서 본 세 가지 길 중에서 어디로 갈 것인가를 미리 결정해야 한다.

### ★★ 주식 투자자의 3가지 유형

1. 투자자(Investor) : 회사의 사업 전망을 보고 기업의 성장성에 베팅한다. 사업에 대한 확신을 가지고 장기적으로 기업에 투자한다. 단기적인 주가 변동에 신경 쓰지 않는다. 주식시장, 경제, 사업, 기업은 장기적으로 성장한다고 믿는다. 사업의 성과가 주가에 반영될 때까지 기다리는 인내심이 필요하다. 주가의 장기 추세에 투자한다.
2. 매매자(Trader) : 주식의 단기적인 가격 변동성에 베팅한다. 주가의 단기 추세에 따라 매매한다. 주로 차트를 이용한 기술적인 분석에 의존한다.
3. 투기자(Gamer) : 개별 종목의 단기 재료에 의존해서 매매한다. 단기 테마주로 승부한다. 기업의 본질가치나 사업 내용을 무시한다. 선물옵션의 단기 방향성에 베팅한다.

가장 바람직한 길은 첫 번째 길, 즉 투자자가 되는 것이다. 그러나 대부분의 사람들은 아무런 사전 개념 없이 주식 투자를 시작하여 시행착오를 거치면서 많은 손실을 입게 된다.

앞의 사례에서 슈퍼개미 김성공 씨는 투자 수익을 올렸는데 그를 따라 한 친구들은 왜 손실을 입고 투자에 실패한 것일까? 그들은 가치Value에 투자Investment하지 않고 시세Price를 매매Trading했는데, 본인이 투자자Investor인지 매매자Trader인지 전혀 정립이 되어 있지 않았기 때문이다.

당신이 투자자로서 어떤 회사의 주식을 산다는 것은 그 회사의 사업에 투자하는 것이다. 단기적으로 사업이 부진하더라도 장기적으로 사업 전망이 좋다면 단기적인 주가 등락에 신경 쓸 필요가 없다. 그 회사의 가치Value는 계속 성장할 것이기 때문이다.

직접 사업을 할 때에도 마찬가지인데, 일시적으로 물건이 잘 안 팔리거나 손님이 적게 온다고 해서 사업을 접어서는 안 된다. 그리고 만약 빌린 돈으로 무리하게 투자를 하게 되면 비록 장기적으로는 사업 전망이 좋더라도 단기적인 불황이 닥쳤을 때 이자를 감당할 수 없어 결국 파산하게 된다.

그런데 전망 좋은 사업에 투자했더라도 불황에 직면했을 때 조금만 버티면 호전될 것이라는 판단을 할 수 없다면 투자자는 불안해서 오래 버티기 어려울 것이다. 따라서 어떤 주식을 살 경우에는 투자자 본인이 직접 사업을 시작하는 경우와 똑같은 개념으로 접근해야 한다. 주식 투자를 내 사업과 똑같은 개념으로 접근하기 위해서는 다음 3가지 요건을 갖춰야 한다.

첫째, 업황을 파악할 줄 알아야 한다.
둘째, 경쟁력이 있는 회사를 선별할 줄 알아야 한다.
셋째, 회사의 가치를 판단할 수 있어야 한다.

만약 당신이 현재 경기를 주도하는 가장 좋은 업종을 파악하여 그 업종 내에서 가장 경쟁력이 있는 회사를 선별했고, 그 회사의 가치를 매겼다면 마침내 그 회사가 투자할 만한 가치가 있는지 판단할 수가 있다. 현재 그 회사의 주가가 그 회사의 가치보다 싸다면 매수의 기회가 된다. 그러나 아무리 좋은 회사를 골라냈더라도 현재의 주가가 가치보다 비싸다면 투자 매력이 없는 것이다.

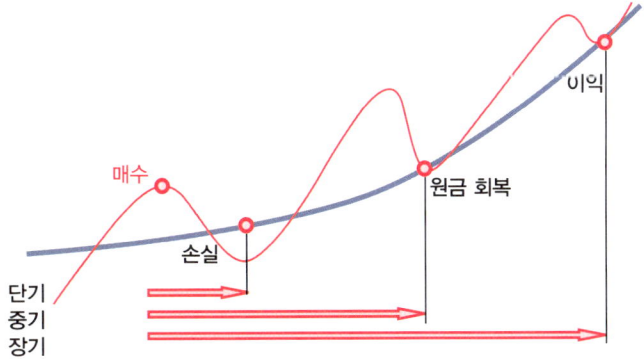

그림 19 투자 기간에 따른 수익의 변화

주가는 단기적으로 볼 때 비논리적이고 비합리적이며 비이성적이다. 투자자들이 시장에서 나오는 재료에 따라 탐욕과 공포에 의한 뇌동매매로 주식을 사고팔기 때문에 단기 수급에 의해 주가가 오르고 내린다. 그러므로 단기적인 주가를 예측한다는 것은 거의 불가능하며, 단기매매는 투자 수익을 내기가 매우 어렵다.

그러나 장기적으로 볼 때 주가는 본질가치로 수렴하므로 논리적이다. 따라서 주가를 예측할 수 있으며, 여기에 근거해 투자할 수 있다. 단기적인 시세 흐름은 시장의 심리가 반영된 투자자들의 매매에 의해 움직이지만, 중장기적인 주가 흐름은 경기와 업황과 본질가치에 따라 움직인다.

그래서 단기적으로는 주가 하락으로 인해 투자 손실이 나 있더라도 경기 사이클(업황)이 상승 추세라면 시간이 흐를수록 주가는 기업가치와 함께 상승하여 투자 수익으로 연결된다. 또한 장기 투자의 수익은 끈기 있는 기다림의 대가이다. 하지만 대부분의 초보 투자자들은 매수한 즉시 주가가 올라가기를 기대하며, 매수한 후 며칠 동안 주가가 횡보하거나 조금만 하락해도 곧바로 매도해버린다.

주가는 장기적으로는 기업가치와 같은 방향으로 움직이지만 단기적으로는 기업가치보다 훨씬 큰 폭으로 오르기도 하고, 그 아래로 떨어지기도 한다. 그러나 시간이 흐른 후 결국에는 기업가치와 일치하려는 속성을 갖고 있다. 현재의 주가가 기업가치보다 저평가된 주식을 매수한 후 주가가 기업가치만큼 회복할 때까지 기다린다면 그 보상으로 투자수익을 얻게 된다.

장기 투자는 처음 주식을 매수할 때부터 단기적인 시세의 흐름에 연연하지 않고 투자 목표 기간을 장기간으로 설정하는 투자를 말한다. 투자 대상 기업의 업황이 좋아져 기업 실적이 증가하고 기업가치도 상승할 것으로 예상되는 주식은 단기적으로 주가가 하락하더라도 시간이 흐르면 다시 상승하게 된다.

장기 투자가 바람직하다는 것은 투자자 대부분이 이해하고 있지만, 주식시장에 참여하고 있는 많은 투자자의 현실은 이해하는 바와는 반대로 단기 매매에 절대적으로 매달리고 있다. 그 이유는 하루빨리 수익을 얻고 싶은 욕구(조급함)에 있으며, 주가 하락에 의한 평가손실을 심리적으로 견디지 못하기 때문이다. 그러나 단기 매매자들 대다수가 실패를 경험한다.

만약 당신이 매매자Trader를 추구한다면 그에 맞는 방식에 따라 매매해야 한다. 단기 시세 차익을 노리고 매수한 종목의 주가가 목표기간 내에 오르지 않고 오히려 하락한다면 적당한 손실범위 내에서 손절매

Loss Cut*해야 한다. 주식을 매수한 후 주가가 하락했을 때 다시 올라갈 때까지 막연히 기다리는 것을 장기 투자 전략으로 오해해서는 안 된다.

그림 20 단기 투자자와 장기 투자자의 매매 성향 비교

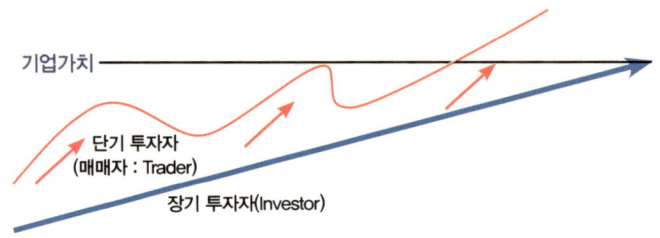

표 19 단기 투자자와 장기 투자자의 매매 성향 비교

|  | 매매자(Trader) | 투자자(Investor) |
|---|---|---|
| 매매 기간 | 며칠 혹은 몇 주 | 몇 달 혹은 몇 년 |
| 매매 패턴 | 마켓 타이머<br>(Market Timer) | 가치투자자<br>(Value Investor) |
| 매매 형태 | 매수와 매도 | 매수와 보유 |
| 매매 핵심 | 재료, 모멘텀 | 기업가치 |
| 매매 대상 | 단기 변동성 | 가격과 가치의 차이 |
| 심리 상태 | 조급함 | 느긋함, 끈기와 기다림 |

* 손절매(Loss Cut) : 주가가 떨어질 때 손해를 보더라도 팔아서 추가 하락에 따른 손실을 피하는 기법을 말한다.

10년 전 이 회사의 주식을 샀더라면 오늘날 투자 수익은 얼마일까(2001~2010년까지 월봉 차트)?

그림 21 주가와 기업가치에 따른 매매 결정

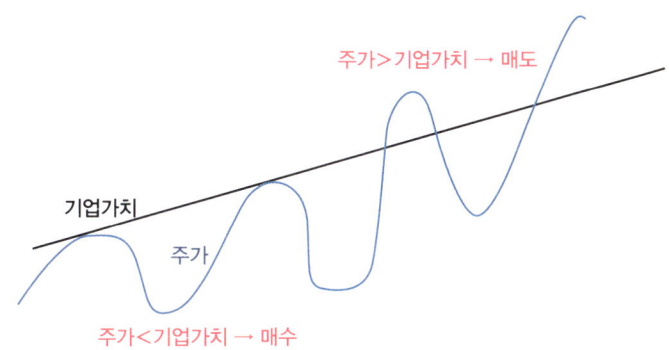

차트 46 삼성전자 월간차트(투자 수익률 500%)

**차트 47** 현대차 월간차트(투자 수익률 1,700%)

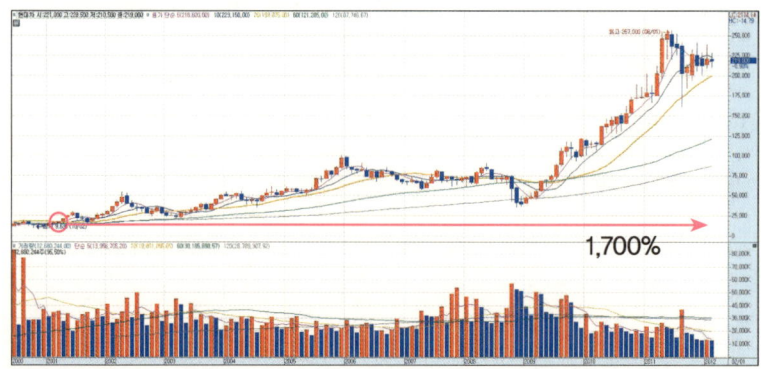

**차트 48** 신세계 월간차트(투자 수익률 1,300%)

**차트 49** LG화학 월간차트(투자 수익률 2,100%)

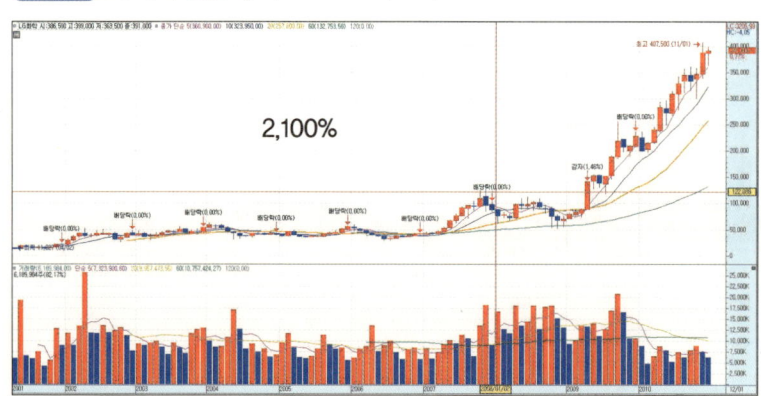

# 19. 차트 매매

## 차트와 기술적 분석

투자자<sup>Investor</sup>는 기본적 분석을 중시하고 매매자<sup>Trader</sup>는 기술적 분석을 중시한다. 기본적 분석과 기술적 분석의 관계는 환자를 치료하는 데 있어서 의학과 심리학의 관계와 비슷하다. 의술로 치료하지만 심리치료가 보완되면 훨씬 더 치료 효과가 좋아진다.

장기 투자를 목적으로 주식을 매수한 투자자라도 자기가 산 주식이 사자마자 주가가 하락하게 되면 마치 바보가 된 느낌이 들고, 그 주식에 대한 믿음이 깨지면서 화가 나서 팔아치워 버리게 된다.

장기 투자자라도 2만 원에 그 주식을 매수하는 것보다는 1만 5,000원에 매수하는 것이 훨씬 기분 좋은 일이다. 그래서 장기 투자자에게도 차트 분석은 필요한 것이다.

펀더멘털 기업가치가 현재 주가보다 훨씬 높은 주식을 골랐다고 하더라도 가급적 단기적으로 싼 가격에 매수하기 위해서는 매매시점을 잘 잡아야 하고, 적절한 매매시점의 포착을 위해서는 차트를 보고 판단해야 한다.

차트는 주식을 사는 사람과 파는 사람의 심리가 반영되어 있으므로 차트를 분석하면 매매 타이밍을 포착하는 데 좋은 도구가 된다. 따라서 투자자는 차트 분석의 의미를 이해하고 투자의 도구로 활용할 줄 알아야 한다. 차트 분석은 투자자가 투자 대상으로 결정한 종목을 가급적 유리한 가격에 매매하기 위한 매매 타이밍 포착에 사용하는 도구다.

그러나 매매자Trader에게는 차트와 기술적 분석은 적극적인 매매의 도구다. 매매자는 단기적인 매수와 매도의 타이밍을 포착하여 단기적 투자 수익을 추구하므로 기업가치보다는 오직 매매 타이밍에만 관심이 있고, 매매 타이밍 포착에 차트를 적극적으로 이용한다. 차트의 모양이 매수 신호를 나타내면 매수하고, 매도 신호를 나타내면 매도한다.

**표 20** 투자자와 매매자 비교

|  | 투자자(Investor) | 매매자(Trader) |
|---|---|---|
| 분석 도구 | 업황(기본적 분석) | 차트(기술적 분석) |
| 종목 선택<br>(Stock Picking) | 기업가치<br>저평가 종목 | 타이밍 포착<br>(저점 매수/고점 매도) |
| 기간 | 장기적(추세성) | 단기적(변동성) |
| 적용 | 장기 투자<br>(Investment) | 단기 매매<br>(Trading) |
| 투자 위험관리(Risk) | 분산 투자/<br>리밸런싱 | 손절매 |

## ★★ 차트의 특성

첫째, 차트는 수급을 나타낸다. 즉 매수자와 매도자 간의 힘의 크기에 의해 가격이 결정되는 모습이 나타난다. 이러한 매매 주체들 간의 힘의 크기를 나타낸 봉의 모양으로 매매 타이밍을 잡을 수 있다.

둘째, 차트는 새로운 변화가 나타날 때까지는 계속 한 방향으로 향하는 경향이 있다. 상승세를 보이는 주가는 새로운 변화가 나타날 때까지는 계속 상승하고, 하락세는 계속 하락하는 속성이 있다(추세선으로 매매 타이밍 포착).

셋째, 차트는 일정한 패턴(모양)을 반복하는 속성이 있고 이것은 투자자의 심리에 따른 매매의 결과로 만들어진다. 비슷한 시장 상황에서는 이러한 패턴이 반복해서 나타나는 경향이 있다(패턴으로 매매 타이밍 포착).

넷째, 주가는 평균 가격으로 회귀하는 경향이 있다. 주가가 평균가격선인 이동평균선에서 너무 멀어지게 되면 이동평균선으로 회귀하려 한다(이동평균선으로 매매 타이밍 포착).

# 봉(캔들) 차트 매매

### 양봉과 음봉

봉차트의 구조는 직사각형 부분과 그 위아래 가는 선으로 구성되어 있다. 직사각형 부분을 몸통이라고 부르는데, 이는 장중 시가와 종가 사이의 거래 범위를 나타낸다.

몸통이 양봉이면 종가가 시가보다 높은 상승 흐름을, 몸통이 음봉이면 종가가 시가보다 낮은 하락 흐름을 나타낸다. 몸통의 위아래 선을 꼬리라고 하며 장중 고가와 저가를 표시한다.

그림 22 양봉과 음봉

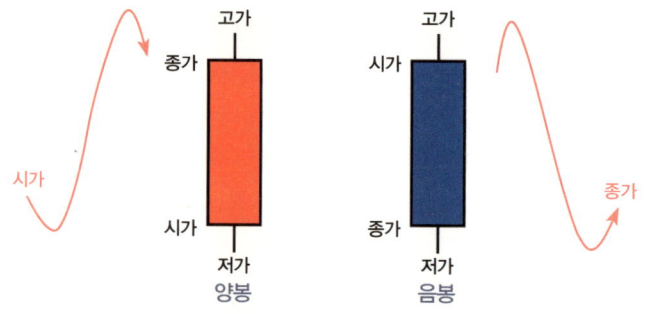

### 추세가 전환하는 변곡점의 신호

- 아래꼬리 모양(우산형) : 추세의 바닥권에서 아래로 긴꼬리 모양의 일봉이 나타나면 저점에서 강한 매수세가 유입됨을 보여준다. 상승 추세 전환의 신호로 해석한다.

- 위꼬리 모양(망치형) : 추세의 천장권에서 위로 긴꼬리 모양의 일봉이 나타나면 이는 주가가 더는 상승하지 못하고 강한 매도 압력을 받고 있음을 보여준다. 하락 추세로의 전환 신호로 해석한다.

그림 23 우산형과 망치형

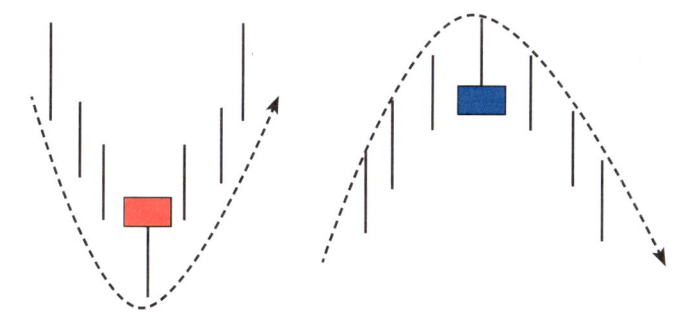

차트 50 변곡점 신호의 사례_ 코리안리 일간차트

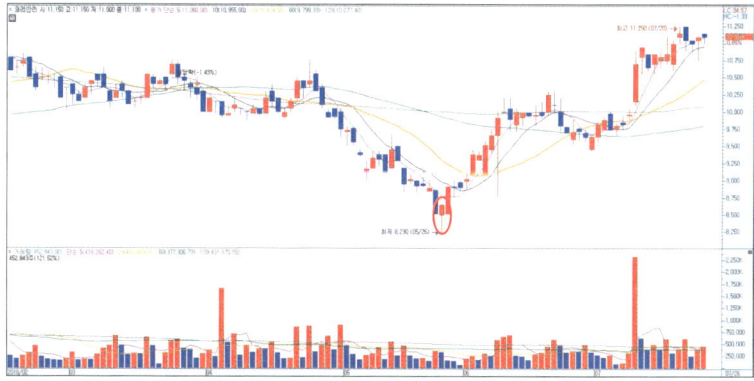

차트 51 변곡점 신호의 사례_ 삼성전기 일간차트

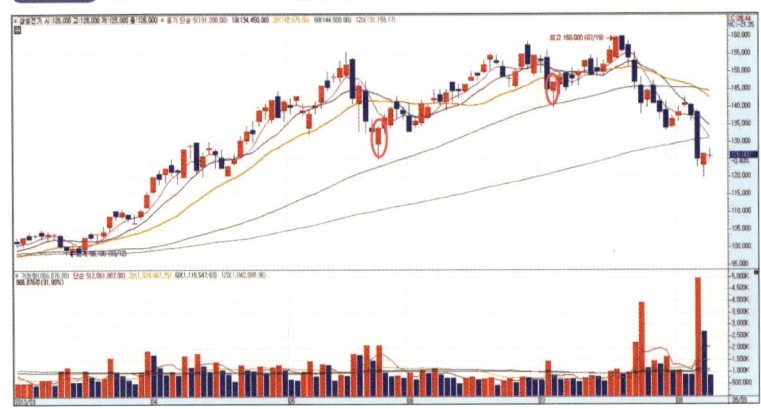

- **장대봉** : 봉은 몸체가 길수록 새로운 추세의 에너지가 강한 것으로 해석한다. 하락 추세에서 전일보다 몸체가 긴 장대양봉이 발생하면 상승 전환의 신호로 보고, 상승 추세에서 전일보다 몸체가 긴 장대음봉이 발생하면 하락 전환의 신호로 해석한다. 여기에 거래량까지 급증하면 신뢰도가 더 높다. 장대봉 대신 3일 연속 양봉(적삼병)이나 3일 연속 음봉(흑삼병)이 나오는 경우도 장대봉과 같은 의미로 해석한다.

그림 24 장대양봉과 장대음봉

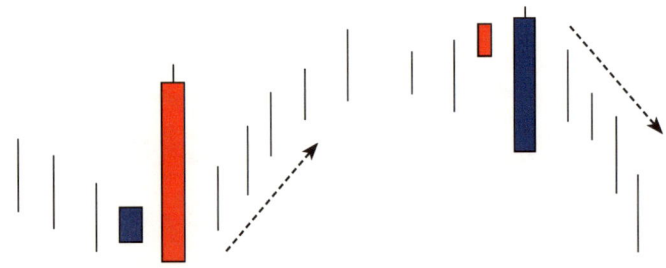

**차트 52** 장대양봉의 사례 – SK이노베이션

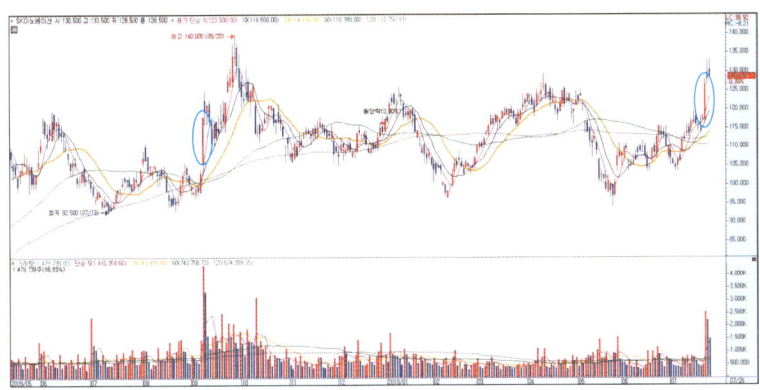

**차트 53** 장대음봉의 사례 – LG전자

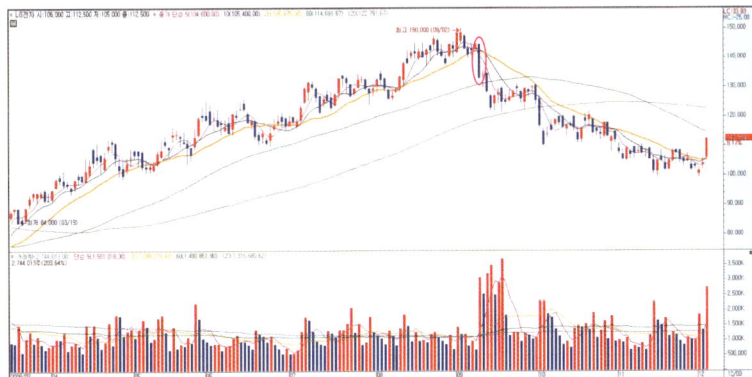

# 추세선 매매

주가의 흐름은 상승이든 하락이든 상당한 기간 동안 지속되는 경향이 있으며, 이러한 흐름은 일정한 폭의 파동을 그리면서 진행된다. 추세선Trend Line이란 주가 흐름의 방향을 가늠하기 위해 상승 추세의 경우 저점을 연결한 직선으로 나타내고, 하락 추세의 경우는 고점을 연결한 직선으로 나타내는 선을 말한다.

그리고 저점을 연결한 상승 추세선을 지지선이라고 부르고, 고점을 연결한 하락 추세선은 저항선이라고 부른다. 즉 상승 추세선의 경우 주가는 이 아래로는 떨어지지 않고 가격을 지지해주는 경향이 있고, 하락 추세선의 경우에는 주가가 이 이상으로는 올라가지 못하고 저항을 받는 경향이 있다.

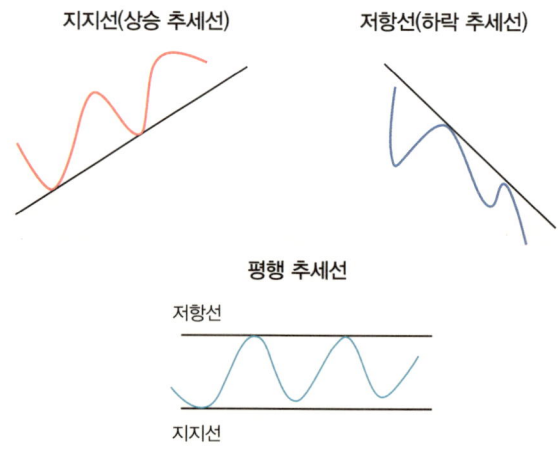

따라서 주가의 지나온 궤적으로 볼 때 지지선 근처에서 매수하거나 저항선 근처에서 매도하는 것이 임의로 매매하는 것보다 더 큰 효과를 볼 수 있다.

차트 54 상승 추세선 사례-하이닉스

차트 55 추세선을 활용한 매매 방법-대우증권

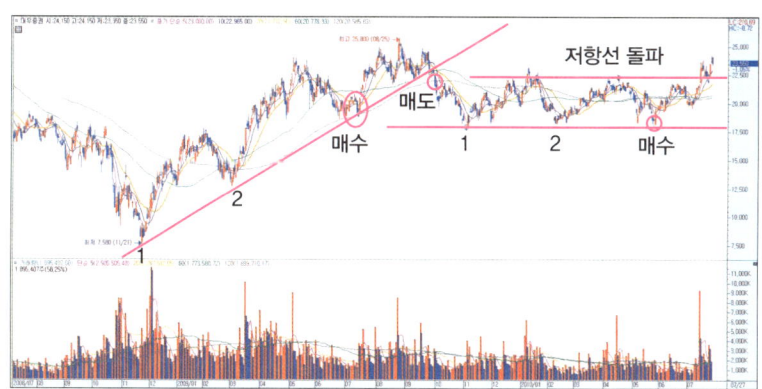

# 이동평균선 매매

### 이동평균선이란

투자자가 사용하는 기술적 지표 가운데 가장 많이 사용되고, 또 알기 쉬운 지표가 이동평균선이다. 이동평균선은 대부분 기술적 지표들의 원조라고 할 수 있는데, 대부분의 기술적 지표들이 이동평균선에 기초하고 있기 때문이다. 이동평균선은 주가의 흐름을 객관적으로 관찰할 수 있도록 평균 가격으로 계산하여 연결시킨 선이며, 주가의 진행방향을 나타낸다.

5일간(1주일) 주가의 평균값을 연결한 것을 5일 이동평균선이라고 하며, 20일(1개월), 60일(2개월), 120일(6개월), 200일(1년) 이동평균선으로 나뉜다.

### 이동평균선의 활용 방법

- 정배열 : 주가가 상승 추세에 있을 때는 위로부터 단기, 중기, 장기 이동평균선 순으로 나란히 상승하며 이를 정배열 상태라 한다. 주가의 상승 추세가 진행 중일 때 나타나고 지속 보유하거나 신규로 주식을 매수해도 무난한 구간으로 본다.

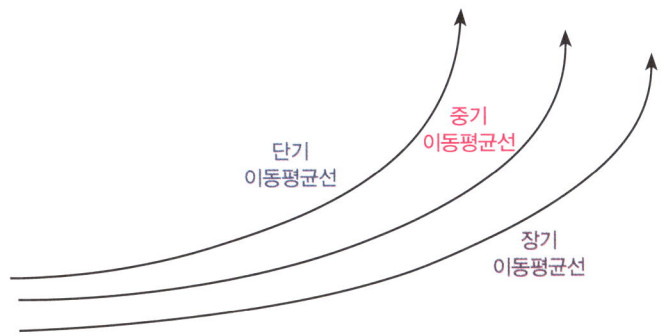

**차트 56** 정배열 사례-LG화학

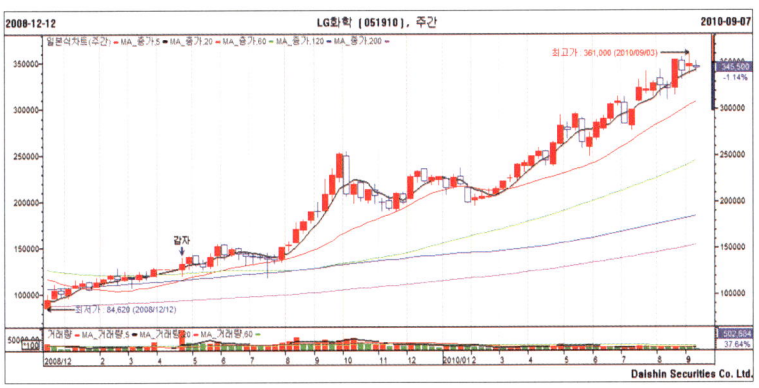

- **역배열** : 주가가 하락 추세일 때는 이동평균선이 위로부터 장기, 중기, 단기 순으로 나란히 하락하며 이를 역배열 상태라 한다. 주가의 하락 추세가 진행 중일 때 나타나고 주식 매수를 보류해야 하는 구간으로 본다.

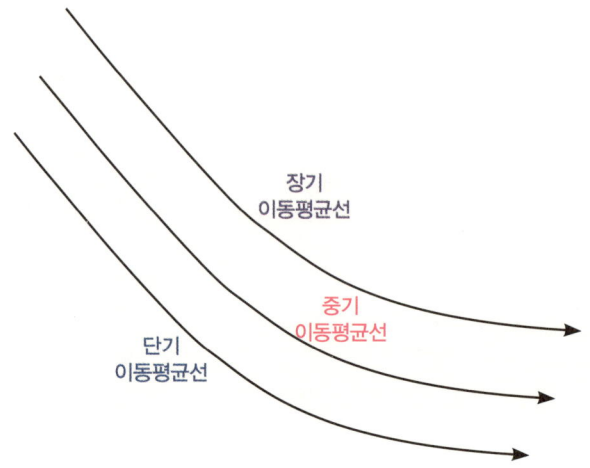

차트 57 역배열 사례—현대산업

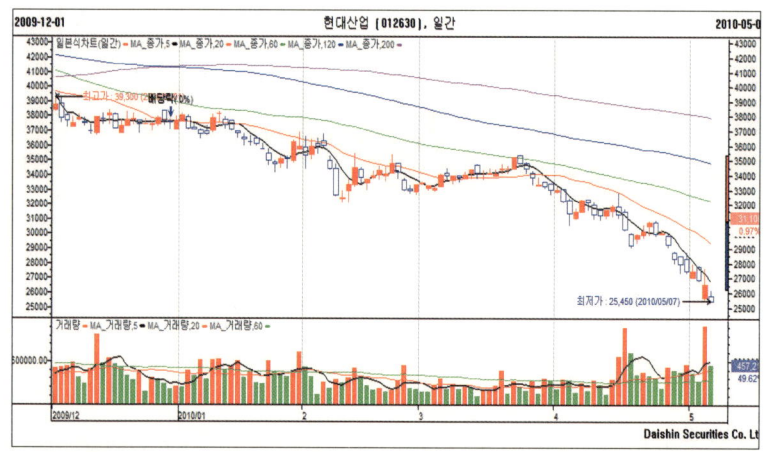

- 골든 크로스(상승 전환) : 주가가 저점 수준에서 단기 이동평균선이 장기 이동평균선을 상향 돌파할 때를 '골든 크로스'라고 하며, 이때를 주식의 매수 타이밍으로 본다. 주가가 바닥 상태에서 나타날

때는 좋은 매수시점이 될 수 있으나 흔히 하락 추세 중에 이런 모양으로 반전했다가 다시 하락 추세로 되돌아가는 경우(속임수)가 많다. 그 때문에 판단에 신중해야 한다.

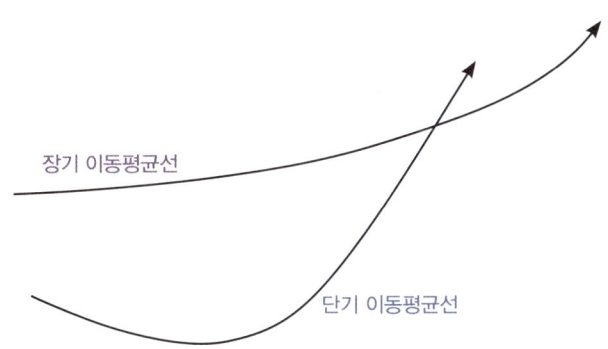

### 차트 58 골든크로스 사례-현대산업

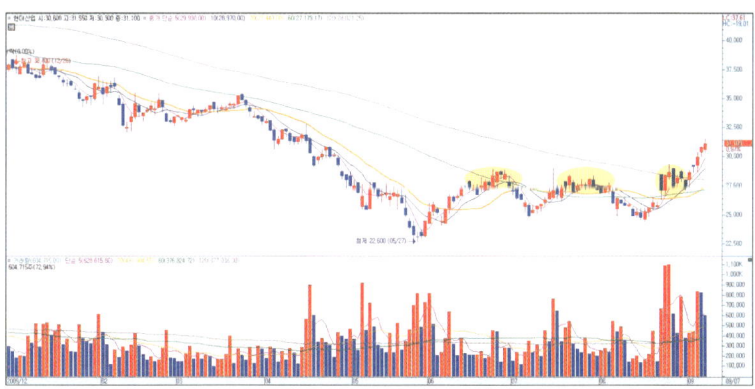

- 바닥 수준에서 골드크로스가 나타났으나, 1·2차 모두 반전되지 않았다. 3중바닥을 형성한 후에야 상승세로 전환하는 데 성공했다.

- 데드 크로스(하락 전환) : 고점 수준에서 단기 이동평균선이 장기 이동평균선을 하향 돌파할 때를 '데드 크로스'라고 하고, 주식의 매도 타이밍으로 본다. 그러나 주가가 천장에 있을 때 데드 크로스가 나타났을 경우에는 유효하나 상승 추세 중에 이런 모양으로 반전했다가 다시 상승 추세로 되돌아가는 경우(속임수)도 흔하다.

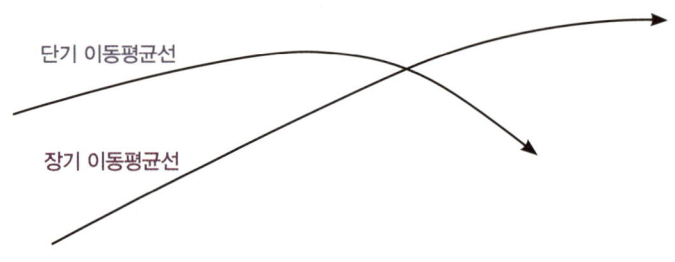

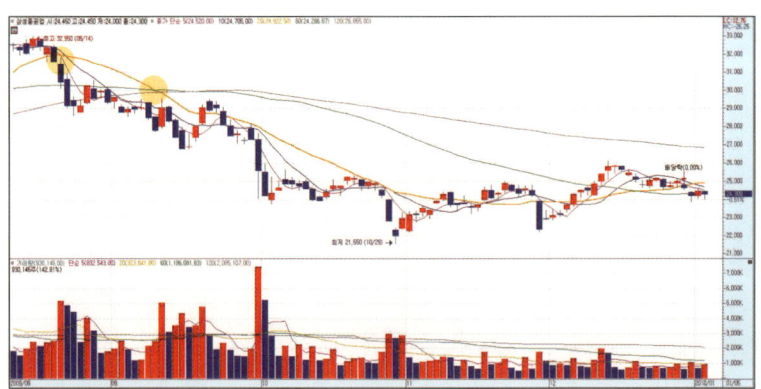

차트 59 데드크로스 사례-삼성중공업

# 패턴 매매

그래프에 나타난 특정한 모양(패턴)을 찾아내어 매매시점 판단의 근거로 이용하는 것을 패턴 분석이라고 한다. 주가 차트상에서 나타나는 모양을 몇 가지 형태로 정형화해서 패턴이라는 것을 만들게 되었고, 이를 분석해서 앞으로의 주가 방향을 예측하는 도구로 사용하게 되었다.

### 상승 전환이 예상되는 패턴(W자형 쌍바닥형)

주가가 바닥 국면에서 W자형의 이중바닥 모양이 나타나면 주가는 앞으로 상승 전환될 것으로 예상되고, 매수의 기회로 생각한다. 그런데 이중바닥(W)형 패턴은 몇 가지 변형된 형태로도 나타나는 경우가 많다. 바로 삼중바닥, 원형바닥, V자 바닥 등은 모두 이중바닥형의 변형이다.

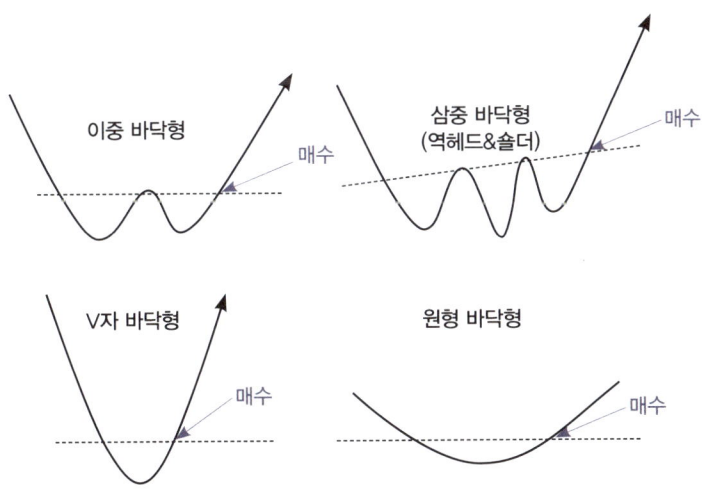

바닥을 형성하는 기간이 길수록, 즉 V자형보다는 W자형 이중바닥이, 그보다는 삼중바닥이, 또 그보다는 원형바닥이 더 바닥을 다진 것으로 해석하고 상승 전환의 신뢰성이 높다. 또 거래량이 점차 늘어난다면 신뢰성이 더 높아진다.

### 하락 전환이 예상되는 패턴(M자형 쌍봉)

천장권에서 M자형의 이중천장 모양이 나타나면 주가는 앞으로 하락 전환될 것으로 예상되며 이는 매도의 기회로 생각한다. 그런데 이중천장형(M자형) 패턴은 흔히 삼중천장형 Head&Shoulder 으로 변형된 형태로 많이 나타난다.

가끔은 원형 천장형, 역V 천장형으로 나타나기도 한다. 고점에서 천장형의 패턴과 함께 거래량이 급증하면 대량 매도세가 나타난 것으로 해석한다.

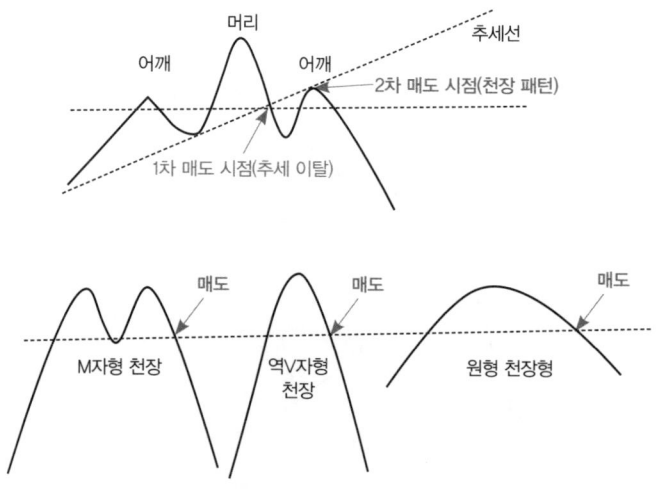

## 상승 지속이 예상되는 패턴

- **상승 삼각형 패턴** : 저점이 높아지는 상승 추세선과 횡보하는 고점을 연결한 저항선으로 만들어진 삼각형 패턴으로 주가가 상승 추세를 진행하는 과정에서 추가 상승에 대한 저항을 받고 있는 모양이다. 저항선(수평선)을 돌파할 경우 상승 추세로 이어질 것으로 예상한다.

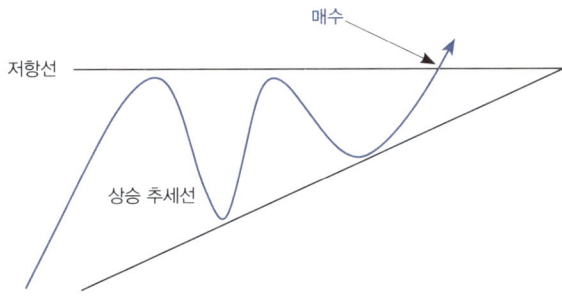

- **상승 박스형 패턴** : 바닥에서 어느 정도 상승한 후 더 이상 상승하지 못하고 박스권 안에서 움직이던 주가가 박스 상단인 저항선을 돌파하면 추가 상승을 예상할 수 있다.

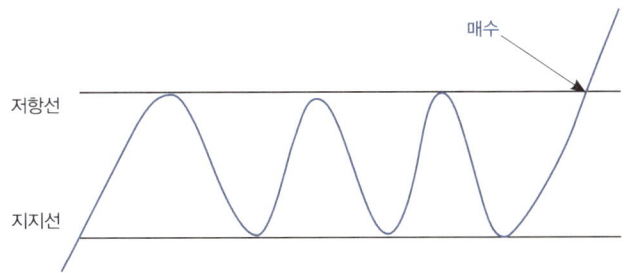

**하락 지속이 예상되는 패턴**

- 하락 삼각형 패턴 : 하락하던 주가가 잠시 멈춘 후 반등을 시도하지만 계속 저항을 받는 모양이다. 하락 추세선과 지지선으로 구성되며 밑이 수평인 삼각형으로, 지지선(수평선)을 하향 돌파 시에는 하락 추세가 이어질 것으로 예상한다.

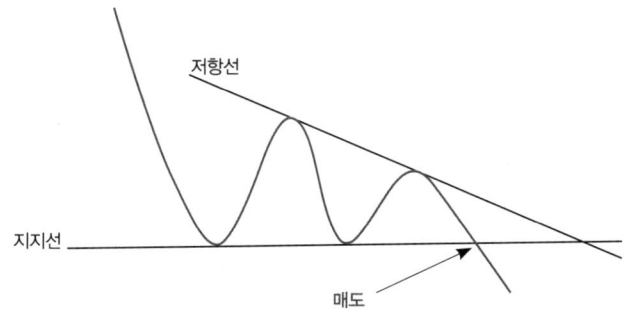

- 하락 박스형 패턴 : 주가가 박스권 안에서 계속 움직이다가 박스를 하향 돌파할 때는 추가 하락을 예상한다.

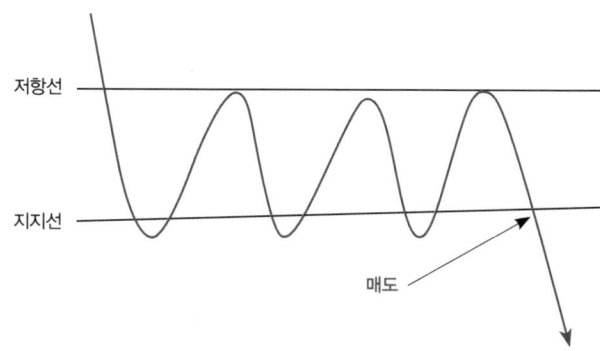

## 엘리어트 파동이론

엘리어트 파동이론은 주가는 장기적으로 상승 5파와 하락 3파에 의해 끝없이 순환하는 사이클을 형성한다는 가설로, 대공황 이후 '엘리어트'가 주장하고, 이후 그를 추종하는 사람들이 체계화했다.

상승 5파와 하락 3파를 형성하기까지는 보통 3년 정도가 소요된다. 그러나 그보다 더 짧은 기간에도 일봉이나 주봉 흐름으로 봐서 같은 논리로 적용한다.

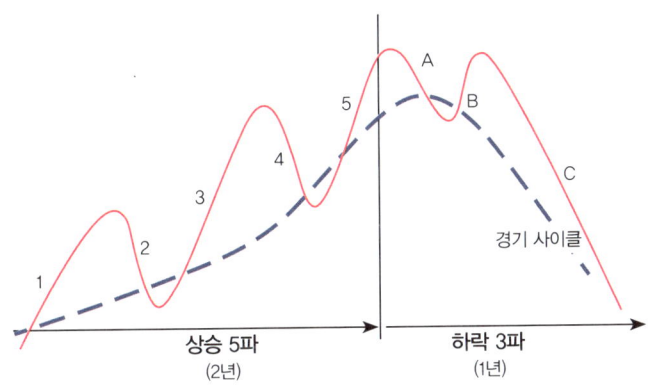

**파동의 사이클**

▶ 상승 5파(1차 랠리)

- 1번 파동 : 추세가 전환되는 시점으로 이제까지의 추세가 끝나고 새로운 추세가 시작되는 출발점이다.
- 2번 파동 : 1번 파동의 되돌림(조정)이다.

- 3번 파동(2차 랠리) : 2번 조정파동이 마무리되고 본격 랠리가 나타나는 파동이다. 거래량과 가격 상승폭이 가장 강력하다. 매수 유효한 시점이다.
- 4번 파동 : 3번 파동을 되돌리는 조정파동이다.
- 5번 파동(3차 랠리) : 이제까지 진행되어온 추세가 막바지에 이르는 국면으로 가격 상승폭과 거래량이 3번 파동만 못하다. 차익 실현과 현금 확보하기 위한 시점이다.

▶ 하락 3파
- A파(차익 실현) : 이제까지의 상승 추세가 끝나고 반대방향의 새로운 추세가 시작된다. 기관의 차익 실현 매도가 시작된다.
- B파(기술적 반등) : 새로이 시작되는 하락 추세에 반발하는 매입세력이 시장에 나타나면서 형성되며 거래는 활발하지 못하다. 이 파동은 그동안 상승 추세가 잠깐 동안의 조정기 A파동을 거친 이후에 재상승하는 것으로 투자자들이 믿기 쉬운 파동이다. 이제까지의 상승 국면에서 가지고 있던 매입 포지션을 정리할 마지막 기회이다.
- C파 : 실망감과 두려움으로 개인 투자자들이 매도하게 되므로 주가는 급락하게 된다.

> **매매 활용법**

- 최적의 매수 시기는 1번 파동(1차 랠리) 시기다.
- 장기 투자자는 2번 파동(조정)에서도 단기 투자자들의 차익 매물을 매수할 수 있는 기회다.
- 3차 랠리(5번 파동)에서는 차익을 실현해서 현금 비중을 확대하는 시기다.
- 3차 랠리에서 매도 기회를 놓친 투자자는 기술적 반등(B파) 시 매도 기회가 된다.

## ★★ 차트에 대한 올바른 이해

많은 투자자가 차트 분석기법에 매료된 나머지 지나치게 빠져드는 경향이 있다. 그리고 우리 주변에는 차트를 단기 매매 수단으로 사용하는 차트 신봉자들이 너무나 많다.

차트는 반드시 그림에서 나타나는 모양대로 움직일 거라는 정해진 원칙을 제시하지는 않는다. 다만 투자심리가 반영되어 그렇게 나타나는 경향이 있다는 것이며, 그렇지 않은 경우가 훨씬 더 많다. 펀더멘털 가치투자에서는 차트를 보조지표로 참고로 할 뿐이며, 전문적인 매매도구로 단기 트레이딩에 사용할 경우 대부분 잦은 손절매로 인해 투자원금의 손실로 이어진다. 차트는 아무리 많이 알아도 아마추어일 뿐이다.

차트로 거래하는 사람들은 손실위험관리 방법으로 보통 손절매를 주장한다. 손실은 짧게 끊고 이익은 길게 가져간다는 도박 원칙이다. 그러나 잦은 손실 금액을 합해보면 결국 몇 번의 큰 이익보다 많아진다. '반풍수가 집안 망친다'는 바로 이런 상황을 표현하는 속담이다.

# 20. 모멘텀 매매

### 테마주 플레이

테마주 플레이는 주로 단기 시세 차익을 노리는 매매 행태다.

테마주란 특정 이슈성 재료가 모멘텀으로 작용하여 단기 급등하는 관련 주식을 말한다. 개인 투자자들은 테마주를 많이 쫓아다니지만 투자 수익을 올리기란 생각보다 쉽지 않다. 오히려 잦은 손절매로 투자 원금을 날리는 경우가 대부분이다. 테마주라고 시장에 알려졌을 때는 이미 매수하기에 늦었으며, 그때는 선취매한 세력들이 뒤늦게 매수하는 개인들에게 주식을 팔아치우기 마련이다.

테마주 플레이 요령은 선행되는 징후나 지표를 보고 선취매해야 성공한다. 예를 들면 애그플레이션 테마주 플레이는 농산물 가격이 급등 조짐을 보일 때 조만간 비료 가격이 상승할 가능성을 염두에 두고 비료 관련주를 선취매한 후 기다려야 한다.

또 KT나 SKT 등 이동통신사들이 무선통신 설비 투자를 계획할 때 통신장비 관련주가 오르기 전에 선취매하는 것이 좋다. 겨울철이 다가오기 전 신종플루 테마주를 선취매하면, 신종플루가 유행한다는 언론 보도가 나올 때는 일반 매수세가 몰려들어 주가가 급등하고 이때 선취매한 신종플루주를 즉시 매도할 수 있다(HTS창에서 테마주 창을 띄우면 각 테마별로 주가의 움직임을 매일 체크할 수 있다).

〈차트 60〉의 '영우통신'은 이동통신 중계기 와이브로의 테마주이고, 〈차트 61〉의 '하이록코리아'는 원자력 테마주다. 서로 완전히 다른 분야이지만 주가 매매 패턴은 똑같은 모양을 보여주고 있는데, 이것은 특정 세력이 주가를 임의로 조종하고 있음을 보여준다.

조종 세력은 일명 큰손일 수도 있고 기관 투자자일 수도 있다. 어쨌든 소형 테마주는 특정 세력이 주가를 마음대로 움직일 수 있으므로 개인 투자자가 재료가 시장에 이미 노출된 후에 테마주를 거래하는 것은 역이용당할 위험이 있다.

**차트 60** 와이브로 테마주 사례 - 영우통신

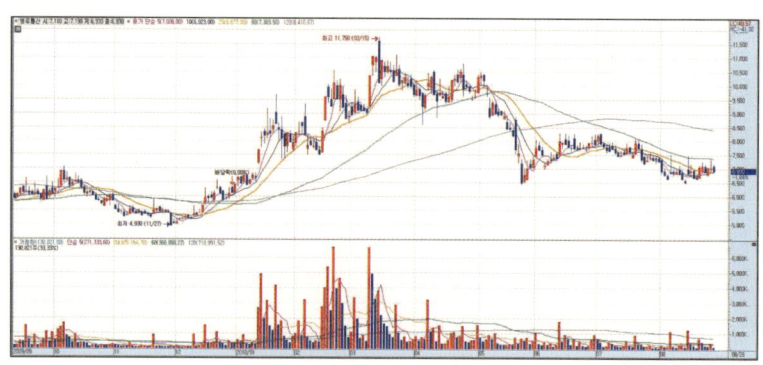

**차트 61** 원자력 테마주 사례 - 하이록코리아

이번에는 애그플레이션* 테마주 사례를 살펴보자. 2010년 여름, 이상 기후로 인해 국제 농산물(밀, 설탕) 가격 급등으로 전 세계적으로 물가 비상이 걸렸다. 8월 초에는 드디어 애그플레이션에 대한 우려가 언론의 헤드라인을 장식했다.

증시에서는 애그플레이션 테마주로 비료회사인 남해화학, KG케미칼, 이지바이오, 농우바이오 등의 주가가 급등했다. 효과적인 매매시점은 농산물 가격이 급등세를 보이기 시작하는 7월 초순이고, 애그플레이션 이슈가 시장에 노출된 8월 초는 오히려 매도시점이 된다(농산물 가격 차트는 HTS에서 해외 원자재 가격 차트를 통해 매일 체크할 수 있다).

차트 62 애그플레이션 테마주 사례 – 남해화학 vs. 밀

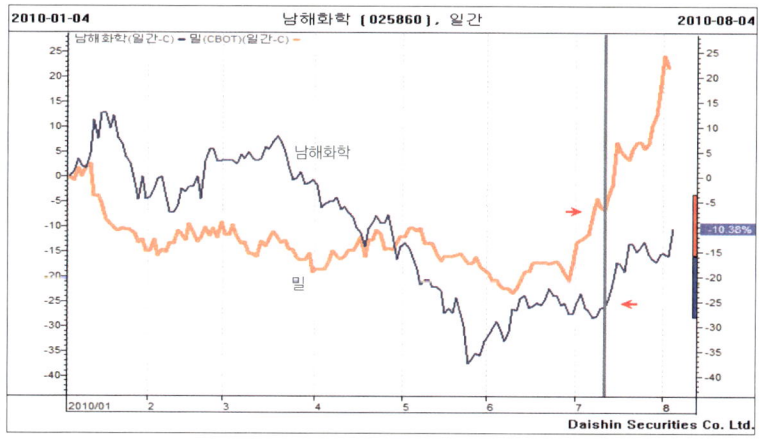

* 애그플레이션 = Agriculture(농산물) + Inflation(물가 상승)

표 21 매년 반복되는 계절별 테마주

|  | 봄 | 여름 | 가을 | 겨울 |
|---|---|---|---|---|
| 발생 테마주 | 황사 | 여행 | 추석 | 독감 (동물, 신종) |
| 관련 주 | 공기 청정기, 물, 정수기 | 여행, 항공 | 백화점 | 제약, 바이오 |

# 투자 정보

주식 투자에 관한 정보에는 거시경제나 업황에 관한 재료와 개별 기업에 관련된 재료들뿐만 아니라 정치, 사회, 문화 등 모든 분야의 정보가 있으며, 이것들은 모두 주가에 영향을 미친다. 그래서 평소에 관심을 가지고 정보와 주가를 연관시켜 해석해보며 투자에 활용해야 한다. 그런데 대부분의 정보는 일반인들에게 노출되기 이전에 이미 주가에 반영된다. 정보가 노출되었을 때는 이미 늦은 경우가 대부분이므로 정보를 주식 투자에 이용할 때는 매우 신중해야 한다.

일회성 재료일 경우 악재가 나와서 주가가 떨어질 때 오히려 매수 기회가 되고, 호재가 나와서 올라갈 때 오히려 매도 기회가 되기도 한다. 특정 기업에 대한 호재나 악재가 나왔을 때 주가는 반대로 생각해볼 필요가 있다.

## ★★ 호재와 악재의 종류

∗ 호재(Good News) : 주가 상승에 영향을 미치는 재료

1. 영업 실적이 좋아진다.
2. 영업 환경이 좋아진다.
3. 워크아웃이나 관리 종목 탈출 등 기업의 재무구조가 좋아진다.
4. 신약이나 신기술 개발
5. M&A(피인수설 또는 경영권 분쟁)
6. 대주주의 주식 매수나 자사주 매입 및 소각
7. 유능한 CEO 영입
8. 경쟁사에 악재 발생
9. 증권사 리포트의 매수 추천
10. 외국인과 기관의 주식 매집

∗ 악재(Bad News) : 주가 하락에 영향을 미치는 재료

1. 영업 실적이 나빠진다.
2. 영업 환경이 악화된다.
3. 특허 분쟁이나 손해배상 관련 피소
4. 업계 경쟁 심화(경쟁사의 등장)
5. 대주주의 주식 매도, 자사주 매각
6. 유능한 CEO의 퇴진
7. 노사분규 발생
8. 대주주 및 임직원의 횡령
9. 외국인 기관, 큰손의 주식 매도
10. 증권사 리포트의 투자 등급 하향

• 액면분할과 주가의 관계 : 주식의 액면분할은 주가가 싸다는 착시 현상을 일으키므로 주가 상승 요인이 되곤 한다. 그러나 기업의 가치와는 아무 상관이 없는 재료이므로 액면분할 때문에 주가가 오른 경우 나중에는 제자리로 되돌아가는 경우가 대부분이다.

• M&A와 주가 : M&A로 기업을 인수하는 경우, 피인수기업은 주가가 상승하는 반면 인수기업은 인수 비용 부담이 악재로 작용하여 주가가 하락하는 것이 일반적이다.

## 기업 분석 보고서 Analyst Report

증권사에서 투자정보로 발간하는 기업 분석 보고서는 투자자가 참고하는 가장 중요한 정보다. 종목에 대한 애널리스트의 투자 의견이 제시되어 있고, 해당 종목의 업황과 기업수익 현황, 전망이 분석되어 있다.

그림 25 기업 분석 보고서 예시

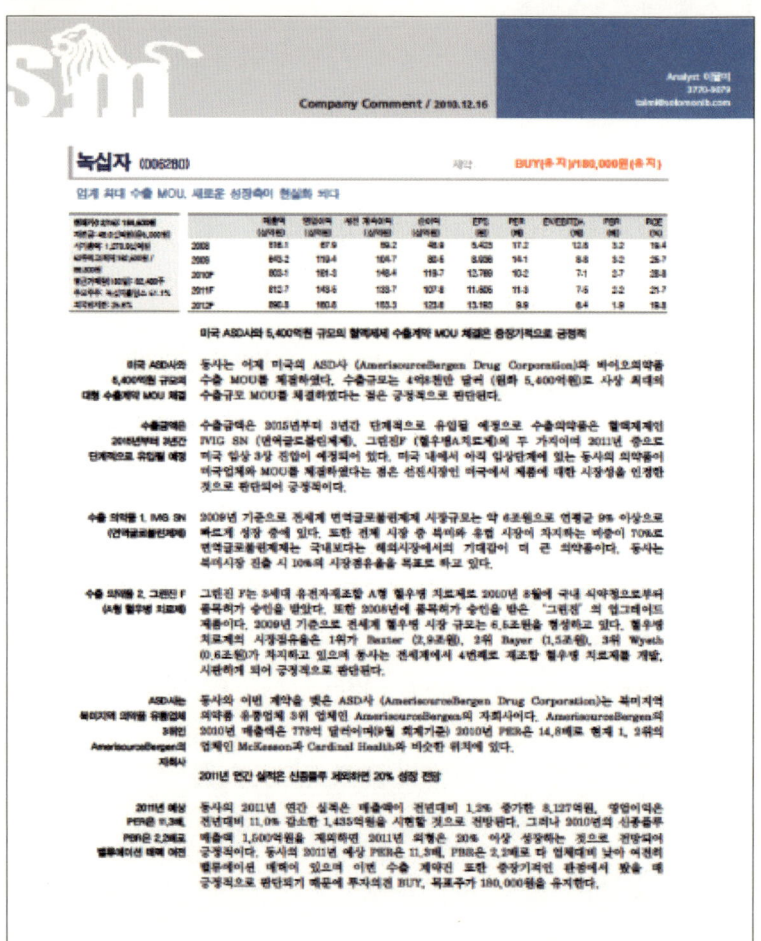

또 그러한 전망에 근거한 종목의 적정가치까지 계산되어 있다. 물론 담당 애널리스트의 개인적인 의견이지만, 전문적인 지식을 가지고 분석한 내용이므로 해당 종목에 대한 신뢰성 있는 정보라고 볼 수 있다. 한편 증권사마다 담당 애널리스트가 있어서 같은 종목에 대한 투자 의견은 대개 비슷하지만 각 증권사마다 다를 수 있다.

기업 분석 보고서를 참고할 때 주의할 점은 맹신하면 안 된다는 것이다. 애널리스트의 개인 의견이므로 맞을 수도 있고 틀릴 수도 있다. 투자자는 그것을 참고하여 본인 스스로 투자 여부를 판단해야 한다. 애널리스트의 분석 내용은 그야말로 참고자료일 뿐이다.

## 회사의 모든 것을 보여주는 분기 사업 보고서

공시내용 중에서 가장 중요한 것이 분기 사업 보고서이다. 여기에는 매 분기 실적과 회사의 개요, 연혁, 자본금 변동사항, 사업 내용, 해당 산업의 현황, 경쟁사, 계열회사의 현황, 임직원 현황, 재무제표, 주주에 관한 사항, 신기술 개발 현황 등 회사의 모든 내용이 담겨 있다. 주식을 매수하기 전에 반드시 분기 사업 보고서를 꼼꼼히 읽어보고 회사의 내용을 파악해야 한다.

주가가 랠리를 펼치는 기간은 실적 발표 기간(어닝 시즌)이다. 기업은 매 분기 실적 발표를 하기 때문에 분기 실적이 공표되는 직전 한 달간을 선 실적 발표 기간(프리 어닝 시즌)이라고 한다.

이 기간에 분기 예상 실적 플레이Play가 나타난다. 그런데 실제로 주

**표 22** 분기별 실적 발표 기간

| 분기 | 1분기 | 2분기 | 3분기 | 4분기 |
| --- | --- | --- | --- | --- |
| 실적 기간 | 1~3월 | 4~6월 | 7~9월 | 10~12월 |
| 실적 발표 기간<br>(어닝 시즌) | 4월 | 7월 | 10월 | 1월 |
| 선실적 발표 기간<br>(프리 어닝 시즌) | 3월 | 6월 | 9월 | 12월 |

가 가 오르는 시기는 실적 발표 후가 아니라, 바로 실적 발표 이전 1개월간이다. 이 기간에 곧 발표될 예상 실적에 관한 내부정보가 시장에 유출되어 주가에 선 반영되기 때문이다. 기관 투자자나 개인 투자자나 모두 이 기간 동안 깜짝 실적을 기대하고 집중적으로 매수에 가담한다.

그러나 실적 발표 기간 랠리에서 개인 투자자들은 군중심리에 흥분해서 추격 매수하면 안 된다. 실적 발표 기간 이후에 대한 대비를 함께 해야 한다. 실적 잔치(랠리)는 실적 발표와 함께 끝나게 되는데, 좋은 실적에 흥분해서 추격 매수에 가담하는 개인 투자자들에게 기관이 차익 실현 매물을 팔아 넘기기 때문이다.

실적 발표 기간이 끝나면 다음 실적 발표까지 모멘텀 공백이 생기고, 그 기간 동안 각종 경제뉴스(매크로 뉴스)들이 언론사 헤드라인을 장식하는데, 그 뉴스들이 시장에 작용한다.

**차트 63** 실적 발표 기간 플레이

그런데 좋은 뉴스보다는 나쁜 뉴스의 시장 영향력이 더 크다. 그래서 실적 발표 기간 이후에는 약세장이 이어지는 것이 일반적이다. 랠리 이후에 대비한 플레이는 랠리 기간 중에 주도주 일부의 차익을 실현하여 현금화하는 것이다.

실적 시즌 이후 재료 공백기의 약세장에서 할인된 가격으로 주식을 재매수할 수 있는 기회가 오기 때문이다. 그렇게 하지 않으면 실적 발표 기간 동안 보유하고 있던 주도주에서 이익이 났던 부분은 장부상의 평가이익일 뿐, 이후에 주가는 다시 하락하고 평가 이익이 났던 부분은 사라져버릴 수도 있다.

## 대한항공 :
## 사상 최대의 실적 발표에도
## 기관 매도 공세로 주가 하락

대부분의 개미 투자자는 호재에 사고 악재에 판다. 2010년 2분기 실적 발표 기간에 사상 최고 실적을 발표한 대한항공은 2007년 10월에 기록했던 사상 최고가인 8만 5,000원 돌파를 시도했다. 대한항공에 대한 호재들이 연일 증권사 리포트로 쏟아져 나왔고, 모든 증권사 애널리스트들은 목표가 올리기에 바빴다. 그러나 실적 발표와 함께 기관 투자자는 매도 공세를 퍼부었고, 결국 주가는 하락했다.

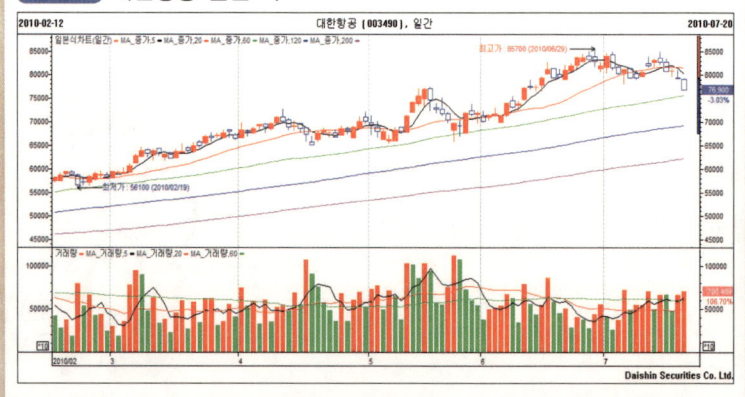

차트 64 대한항공 일간 차트

## 돈 되는 정보가 숨어 있는 기업공시

공시란 상장기업이 경영과 관련된 주요 현안이나 변동사항을 투자자들에게 알리는 것을 말한다. 증권가에 떠도는 루머는 신뢰성이 없는 반면 공시는 거래소를 통하여 회사가 공식적으로 발표하는 것이므로 신뢰성이 높다. 부실기업 중에는 허위성이나 과장성 공시를 하는 경우도 있으므로 주의해서 해석해야 한다(기업공시를 보려면 증권사의 HTS에 들어가서 공시창을 클릭하면 된다. 또는 금융감독원 전자공시 시스템(dart.fss.or.kr)로 들어가도 된다).

물론 회사가 공시를 할 때 기업 PR에 도움이 되는 호재성 재료는 적극적으로 공시하는 반면, 악재성 재료는 소극적으로 공시하는 경향도 있다. 그럼에도 불확실하고 근거 없는 뜬소문을 좇아 투자하는 것보다는 기업공시를 이용하는 것이 훨씬 낫다.

중소형주의 경우 재료에 따라 회사의 사활이 좌우되는 경우도 있다. 재료가 일회성 재료인지 장기적으로 기업 실적에 영향을 미치는 재료인지 구분하는 것은 매우 중요하다.

- 자사주 매입 공시

자사주란 회사가 취득해 보유하고 있는 자사 발행 주식을 말한다.

자사주는 보통 주가 안정을 목적으로 매입하며 M&A에 대항하여 경영권 안정을 목적으로 매입하기도 한다. 따라서 자사주 매입이 있으면 주가에 긍정적인 영향을 미치게 된다. 그러나 자사주 매입은 매입 후 즉시 소각할 경우 주가에 호재이다.

발행 주식수의 감소로 1주당 이익이 증가하는 효과가 있기 때문이다(증자 시 발행 주식수의 증가로 1주당 이익이 희석되는 것과 반대 효과). 요즘에는 회사가 자사주 매입 후 소각하지 않고 회사 내부에 보유하고 있는 경우가 대부분이고 이 경우는 언제든지 시장에 매도 물량으로 나올 가능성이 있는 것이므로 호재가 아니다.

대량 매도를 원하는 기관 투자자나 대주주의 매물을 회사가 자사주 매입으로 받아주는 수단으로 악용되기도 하므로 주의해야 한다. 쥐꼬리만큼의 배당을 주면서 수시로 소각하지 않는 자사주 매입 공시를 하는 회사는 좋은 회사가 아니다.

- 스톡옵션 행사

스톡옵션Stock Option이란 기업이 임직원의 성과급으로 보상하기 위해 정해진 가격으로 자사주식을 살 수 있는 권리를 부여하는 것을 말한다. 스톡옵션을 받은 임직원은 자사의 주가가 행사 가격보다 올라가면 권리를 행사하여 이익을 실현하고, 주가가 행사 가격 이상으로 오르지 못하면 권리를 포기하면 된다.

---

\* 자사주 취득기간은 증권거래소에 자사주 취득신고서를 제출한 뒤 3일이 지난 날로부터 3개월간이다. 자사주는 매입 완료한 날로부터 6개월 이내에는 거래소시장을 통해 처분할 수 없다.

만약 스톡옵션을 행사하게 되면 물량이 늘어나게 되어 주가에 부담이 될 수 있다. 그러나 행사물량이 많지 않을 때는 크게 신경을 쓰지 않아도 된다.

• 전환사채 및 신주인수권부사채 권리행사

전환사채[CB]란 일정기간 후에 미리 정해진 가격(전환 가격)으로 발행사의 주식으로 전환할 수 있는 채권으로, 원금을 보장받으면서 이자를 받다가 주식으로 전환하는 것이 유리하다고 판단될 때 바꿀 수 있는 채권을 말한다. 보통 채권 발행일로부터 3개월이 지나면 주식으로 전환할 수 있다.

전환사채 권리행사는 증시에 공급 물량을 늘려 주가에 부담이 될 수 있다. 투자자는 투자 대상 회사의 최근 3년간 공시 내용을 점검하여 과도하게 발행한 전환사채가 있는지 확인해보아야 한다.

신주인수권부사채[BW]는 발행 후 일정한 기간 내에 미리 정해진 행사가격으로 발행회사의 주식 발행을 청구할 수 있는 권리(신주인수권)이 부여된 사채를 말한다.

신수인수권은 일대일 교환으로 권리행사와 동시에 소멸되고, 권리행사는 전환사채와 마찬가지로 보통 발행일로부터 3개월 후부터 가능하다.

• 주식 담당자, 기업 및 홈페이지 방문하기

만약 투자한 종목이나 투자 고려 중인 종목에 대해서 좀 더 구체적인 사항을 알고 싶으면 그 회사의 주식 담당자에게 자주 전화로 물어보며 친분을 쌓아두는 것도 좋은 방법이다. 물론 주식 담당자가 내부정보를 알려주는 일은 드물지만, 우회적인 질문을 통해서 힌트가 되는 답변을 얻거나 분기 실적 발표 기간이 임박했을 때 실적에 대한 힌트를 미리 얻을 수도 있다.

구체적인 실적 추정치를 질문하지 말고 실적 추정의 근거가 되는 업황이라든가, 제품 단위당 마진 현황 등을 통하여 분기 실적의 힌트를 얻을 수 있다. 직접 기업을 방문해보는 것이 가장 좋은 방법이지만 여의치 않으면 회사의 공식 홈페이지로 들어가서 기업 내용을 이해할 필요가 있다.

• 외국인 기관 매매 동향 체크하기

증권시장에 자금이 들어오면 주가가 올라가고, 주식을 팔아 자금이 빠져나가면 주가가 내려간다. 증권시장에 상장되어 있는 주식은 한정되어 있으나, 자금이 들어와 매수가 늘어나면 주가는 올라갈 수밖에 없다. 반대로 수요가 늘지 않는데 주식 물량만 증가하게 되면 주가는 결국 떨어지게 된다.

개별 기업의 주식도 마찬가지다. 아무리 좋은 주식도 누군가가 매수를 해야 주가가 올라간다. 증시 수급을 살펴볼 때는 개인, 외국인, 기관 투자자 등 매매 주체별로 구분해서 확인해보아야 한다.

주식시장에서 거래량이 매일 꾸준히 늘어난다면 시장 외부에서 자금이 꾸준히 유입되고 있다는 의미이고, 개인 투자자, 외국인 투자자, 국내 기관 투자자 등 투자 주체를 파악할 수 있다. 만약 외국인 투자자들의 매수세가 꾸준하게 증가한다면, 한국의 경기와 주식시장 투자 여건을 밝게 보고 자금을 투입하고 있다는 증거이다.

**그림 26** 투자자별 매매 종합 화면

[7221] 투자자별 매매종합

매매종합 | 시간대별 | 시장흐름 | 업종별현황 | 일별현황 | 기간별집계

현재 18:44 선물계약 옵션금액 (단위 : 계약, 억원 ) 조회

| 시장구분 | | 개인 | 외국인 | 기관계 | 증권 | 보험 | 투신 | 은행 | 종금 | 기금 | 기타계 | 사모펀드 |
|---|---|---|---|---|---|---|---|---|---|---|---|---|
| 거래소 | 매도 | 25,785 | 11,414 | 11,465 | 1,991 | 1,589 | 5,187 | 399 | 85 | 1,679 | 1,981 | 536 |
| | 매수 | 26,804 | 10,928 | 11,205 | 2,368 | 1,518 | 4,350 | 632 | 251 | 1,513 | 1,662 | 573 |
| | 순매수 | 1,019 | -486 | -261 | 377 | -71 | -837 | 233 | 166 | -166 | -320 | 37 |
| 코스닥 | 매도 | 12,007 | 397 | 464 | 42 | 47 | 228 | 17 | 11 | 89 | 149 | 30 |
| | 매수 | 11,856 | 476 | 556 | 62 | 80 | 251 | 26 | 12 | 97 | 134 | 28 |
| | 순매수 | -151 | 79 | 92 | 20 | 33 | 24 | 9 | 1 | 7 | -15 | -2 |
| KSP200 선물 | 매도 | 89,608 | 119,558 | 126,515 | 120,712 | 1,028 | 2,132 | 1,513 | 120 | 1,010 | 7,952 | |
| | 매수 | 92,092 | 113,264 | 129,978 | 122,662 | 1,076 | 3,407 | 1,839 | 160 | 834 | 8,299 | |
| | 순매수 | 2,484 | -6,294 | 3,463 | 1,950 | 48 | 1,275 | 326 | 40 | -176 | 347 | |
| KSP200 콜옵션 | 매도 | 2,061 | 2,517 | 1,622 | 1,476 | 53 | 86 | 6 | | 1 | 63 | |
| | 매수 | 2,045 | 2,609 | 1,552 | 1,459 | 52 | 39 | | | 1 | 58 | |
| | 순매수 | -17 | 92 | -70 | -16 | -1 | -46 | -6 | | -1 | -5 | |
| | (계약) | 157,558 | 15,198 | -183,206 | -129,950 | -62,387 | 24,231 | -2,804 | | -12,296 | 10,450 | |
| KSP200 풋옵션 | 매도 | 2,680 | 3,423 | 1,419 | 1,258 | 91 | 66 | 1 | | 2 | 48 | |
| | 매수 | 2,623 | 3,406 | 1,491 | 1,293 | 93 | 101 | 1 | | 4 | 50 | |
| | 순매수 | -57 | -16 | 72 | 34 | 2 | 34 | | | 1 | 1 | |
| | (계약) | -39,309 | 59,688 | -18,381 | 19,459 | -22,218 | -17,883 | -216 | | 2,477 | -1,998 | |
| KOSTAR 선물 | 매도 | | | | | | | | | | | |
| | 매수 | | | | | | | | | | | |
| | 순매수 | | | | | | | | | | | |
| 주식 선물 | 매도 | 146,863 | 8,296 | 29,186 | 28,912 | | 20 | 254 | | | 21,923 | |
| | 매수 | 140,357 | 13,379 | 29,453 | 29,195 | | 18 | 240 | | | 23,079 | |
| | 순매수 | -6,506 | 5,083 | 267 | 283 | | -2 | -14 | | | 1,156 | |

## ★★ 관심 종목 분석을 위한 프로세스 : HTS를 통한 기업 분석

증권사의 HTS 현재가 창을 띄우면 해당 주식의 기업 분석 내용으로 들어갈 수 있다. 회사의 업황과 전망, 최근 몇 년간의 영업 실적, 주요 재무 분석 등 투자자가 알아야 할 사항들이 잘 정리되어 있다.

1. HTS 접속
2. 관심 종목의 현재가 창 열기
3. PER을 점검한다 : 업종 평균에 비해 저평가되지 않았는가?
4. 재무제표(재무상태표, 손익계산서, 현금흐름표)를 점검한다 : 지속 가능성(재무구조), 지속 가능 이익(업황), ROE(수익성), PBR(자산가치)

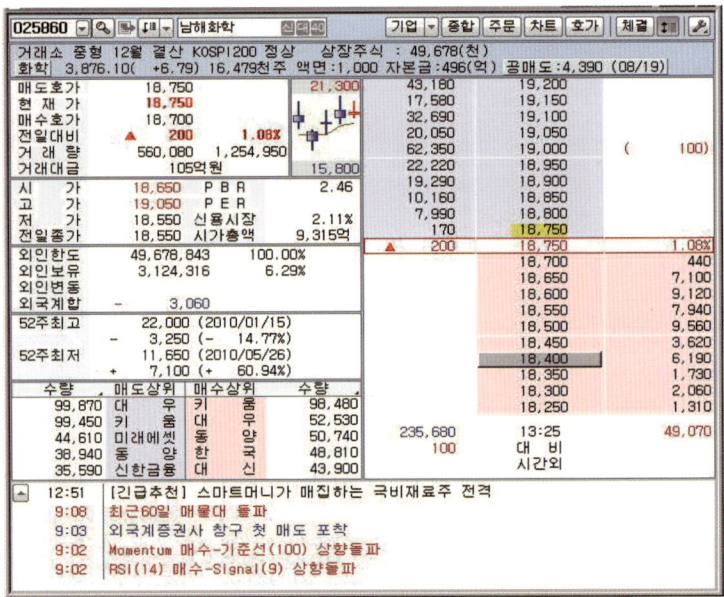

# 21. 실전 투자 응용

○ **단기 트레이딩 활용**
  **: 신한지주**

9월 2일, 돌발 악재가 발생해 신한지주의 주가가 급락했다. 전 CEO가 친인척 부당 대출과 횡령 혐의로 검찰에 고발되는 대형 악재가 터진 것이다. 그런데 필자의 판단으로 이는 CEO 간의 권력 투쟁으로 보였고, 비리 혐의 규모가 회사의 규모에 비해 미미한 금액이라는 점에서 단기 매수 기회라는 판단이 섰다.

또한 경영진이나 지배구조의 변화가 오더라도 한국 금융기관의 특성상 은행의 기업가치에 영향을 주지는 않을 것이라고 생각했다.

급락 이틀째인 9월 3일에 보유 현금 30%의 절반을 투입해 단기 반등을 노리고 주당 4만 3,000원에 매수했다. 단기 반등 목표가는 5만 원, 손절매 가격은 전 저점인 4만 1,000원으로 정했다. 이후 9월 말까지는 차익 실현 기회가 오지 않았으나, 10월 초에 급반등하여 4만 7,000원에 매도(차익 실현 9%)하여 현금화했다.

차트 65 신한지주(2010년 1월~2010년 9월)

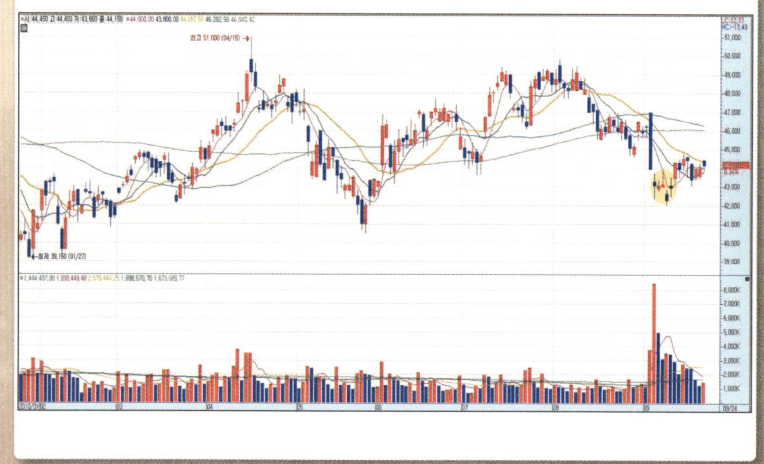

## ○ 호재에 팔고 악재에 사라
   – 에스엠

2009년 9월, 연예기획사인 '에스엠'과 소속가수 그룹인 '동방신기'와의 노예계약 파문이 터졌다. 이후 소송에서 노예계약은 무효라는 판결로 '에스엠'이 패소했다. 동방신기의 회사에 대한 수익기여도가 상당했던 당시로서는 이러한 악재로 인해 향후 에스엠이 수익이 크게 줄어들 가능성이 제기되면서 대부분의 증권사 리포트는 에스엠에 대한 부정적인 의견을 쏟아냈다.

그러나 필자는 에스엠에 대한 모든 악재가 노출된 상태이므로 주가에 모두 반영되어 그때가 바로 바닥이라고 판단했고, 음악콘텐츠 시장의 성장가치를 높게 보고 방송을 통하여 매수 의견을 제시했다. 주가는 그후 지속적으로 상승하여 2010년 7월 20일, 그 당시 주가 (3,000원)의 5배인 1만 5,000원으로 상승했다.

**차트 66** 에스엠 주간차트

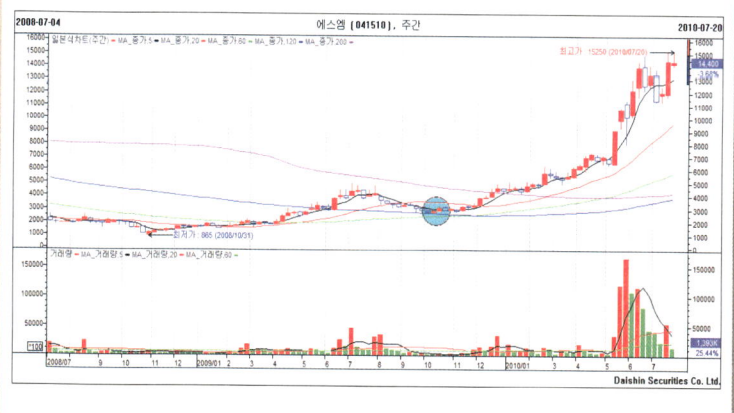

| 후기 |
# 이 책을 마치며

'꺼벙한 놈이 당수가 8단'이라는 속담이 있습니다. 겉으로는 어수룩해 보여도 속은 실속 있는 사람이라는 의미입니다. 주식시장에서 투자에 성공한 사람들은 대부분 겉보기에 어수룩한 사람들입니다. 그리고 특별한 투자비법이 있는 것이 아니라 그저 상식적인 투자 원칙에 충실했던 사람들입니다. 주위를 둘러보면 아마도 어렵지 않게 이러한 사람들을 만날 수 있을 것입니다.

반대로 '반풍수가 집안 망친다'라는 속담이 있습니다. 매우 똑똑한 척하는 헛똑똑이가 오히려 어설프게 투자해서 재산을 탕진한다는 뜻을 담고 있습니다. 주식시장에는 차트 기법을 열심히 연구한 결과 자신만의 독특한 비법을 터득한 것으로 착각하는 얼간이들이 너무나 많습니다. 그리고 이들은 하나같이 자만심에 빠져 있는 동시에 고집도 매우 셉니다.

저는 아직까지 국내에서 차트 매매로 주식 투자에 성공한 사람을 만나보지 못했습니다. 언론에서는 이러한 실상을 잘 알지도 못하면서 기사거리를 위해 사실과 다르게 과장 보도하는 경우가 비일비재하며, 이런 사람들은 일시적으로 적은 돈을 벌었다가 결국은 실패함으로써 금세 사람들에게서 잊혀지곤 합니다. 더구나 잦은 매매로 인한 정신적인 부담을 이겨내지 못해 건강을 해치기 십상입니다.

필자가 젊은 시절 운전면허증을 취득할 때의 일화입니다. 기본교육을 이수하는 데 드는 1주일이라는 시간과 돈이 아까워 아파트 단지 안이나 집 근처 공터에서 친구의 차로 혼자 운전을 익히다가 큰 사고를 낼 뻔한 아찔한 순간이 있었습니다. 그러다 보니 면허시험장에서 불합격을 반복하게 되었고, 결국은 교습비보다 응시비가 훨씬 많이 드는 우스운 꼴이 되었습니다. 그리고 어렵사리 면허증 취득 후에도 돈을 아껴보려고 혼자 시내로 차를 몰고 나가 연습을 했는데, 돌이켜보니 나뿐만 아니라 여러 사람들을 위험에 빠뜨리는 무모한 짓이었다는 생각에 후회가 듭니다. 작은 시간과 비용을 아끼려다 엄청난 손실을 당할 뻔한 것이지요.

주식시장에서도 마찬가지로 소탐대실하는 어리석은 개미 투자자들이 적지 않습니다. 주식 투자의 기초 지식과 요령을 터득하는 일은 반드시 운전 면허를 취득하고 연수를 받은 후에 도로에 나가야 하는 것과 똑같습니다. 펀더멘탈 분석을 이해하는 것이야말로 주식 투자의 면허증을 취득하는 일입니다. 그런데 기초도 없이 무작정 차트 매매에 매달리는 일은 면허증도 없이 시내주행을 하는 것과 마찬가지입니다.

'단순한 것이 최고'입니다. 세상을 변화시키는 심오한 원리들은 놀랍게도 대부분 매우 단순한 내용으로 정의됩니다. 아인슈타인의 상대성이론은 '$E=mc^2$'이라는 작은 공식 안에 모든 것을 담아내고 있습니다. 이 책에서는 바로 그러한 단순 명쾌한 투자 원칙을 가장 강조하고 최대한 쉽게 표현하려고 노력하였습니다. 하지만 표현 능력의 한계로 애초 의도보다 다소 어렵게 표현되지 않았나 하는 아쉬움이 듭니다. 저는 독자 여러분이 이 책을 열 번 정도 반복하여 읽어보시기를 권합니다. 그렇게 주식 투자의 기본기를 단단하게 다져서 실전 투자에서 승리의 기쁨을 맛보시길 바랍니다.

- 박춘호

# 이레미디어 주식 투자 추천도서

## 실전매매

**거래량으로 투자하라 | 버프 도르마이어**
주가가 시장을 보여주는 증거라면 거래량은 시장의 진위를 가리는 거짓말 탐지기다!

**진입과 청산 전략 | 알렉산더 엘더**
세계적인 베스트셀러 〈심리투자 법칙〉, 〈나의 트레이딩 룸으로 오라〉의 저자 알렉산더 엘더 박사의 주식, 선물, 옵션 투자기술의 결정판

**원전 일목균형표 1-4권 | 일목산인**
일목균형표, 완결편, 주간편, 나의 최상의 형보편, 창시자 일목산인의 철학과 실전 적용까지 모든 것을 전수하는 일목균형표 원전 최초 완역

**오닐의 제자들처럼 투자하라 | 길 모랄레스, 크리스 케처**
윌리엄 오닐에게 직접 주식매매를 배워 18,000%의 수익을 올린 제자들의 생생한 투자기록과 투자기법

**슈퍼 트레이더 | 반 K 타프**
투자의 거장 반 K 타프 박사가 오랜 세월 검증한 기법으로 변화무쌍한 시장에서 평균을 웃도는 수익을 올릴 수 있는 투자의 황금률

**추세와 친구가 되라 | 토마스 K 카**
'추세와 친구가 되라'는 신조어를 만든 추세추종 기법의 대가 카 박사가 제시하는 시장의 변동성을 이용하는 마이크로 추세추종 매매 전략 결정판

**실전투자의 비밀 | 김형준**
실전투자대회 8회 연속 우승자의 시장을 이해하는 방법과 핵심 기법 12가지를 완전 공개

**나의 트레이딩룸으로 오라 | 알렉산더 엘더**
시장에서 살아남기 위한 '심리, 기법, 자금관리'의 3원칙을 제시한 세계적인 베스트셀러

**팻불 | 마틴 버지 슈바르츠**
미국 실전수익률대회 우승자로서 15년간 40만%의 수익률을 거둔 자전적 투자서

**실전 스윙 트레이딩 기법 | 앨런 팔리**
세계적인 스윙의 대가로서 실제 사용하여 수익을 낸 스윙기법을 완벽하게 정리

**터틀의 방식 | 커티스 페이스**
전설의 터틀 그룹 원년 멤버가 최초로 공개하는 터틀 그룹의 매매방식과 수익 비결

**볼린저밴드 투자기법 | 존 볼린저**
창시자 볼린저가 직접 쓴 볼린저 밴드 활용에 관한 모든 것

**자트박사의 승률 80% 新 매매기법 | 성경호**
실전수익률대회 우승과 실제 매매에서 검증된 평생 돈 버는 승률 80% 이상의 매매기법

**대시세종목의 비밀 | 장진영, 이종형**
수백%의 수익을 주는 대시세 종목의 발굴 방법과 실전 매매 노하우 최초 공개

**엘리어트 파동이론 | R N 엘리어트**
엘리어트가 직접 쓴 파동이론의 원전 주식시장에 관한 칼럼과 저작물도 함께 수록

**추세매매기법 | 토마스 K 카**
정통 계보를 잇는 대표적 추세매매자로 지표세팅, 변수점검, 전략까지 모든 것을 담았다.

**실전 추세선 매매기법 | 정경재**
작도부터 주식, 선물투자 실전까지 추세선의 모든 것을 다룬 실전 투자서

윌리엄 오닐의 공매도 투자기법 | 윌리엄 오닐, 길 모랄레스
150개의 실전 사례로 최적의 타이밍을 보여주는 공매도에 관한 독보적인 투자서

실전 캔들 매매법 | 캔들 마스터
보조지표나 펀더멘털, 거래 종목, 거래 시간, 추세와 상관없이 순수 캔들만으로 차트의 흐름을 읽고 성공적인 매매를 가능하게 하는 강력하고 안전한 실전 기법서

## 차트기법

차트의 기술 | 김정환
'우리나라 기술적 분석의 한 획을 그었다'는 평을 받는 기술적 분석의 모든 것

실전 차트 매매기법 | 조용
10년 동안 검증한 매매기법의 핵심을 2000여 개의 차트를 통해 직관적으로 설명한 베스트셀러

실전 차트 매매기법 2 | 조용
전편을 확장한 '대세판단' 편으로 코스피의 대세 바닥과 상투를 직관적으로 제시

실전 차트 스윙·데이·스캘핑 기법 | 조용
장세별, 일중 시간대별, 초단기 신호별 스윙·데이 스캘핑 기법 완벽 정리

차트로 종목 발굴하는 법 | 마틴 J. 프링
어떠한 시황에도 적용 가능한 종목 발굴 기법의 모든 것. 급등 종목을 초기에 잡아내는 실전 기술

차트 패턴 | 토마스 불코우스키
일류 차티스트로서 3만 8,000개의 차트를 시뮬레이션하여 객관화한 차트 패턴의 승률

스티브 니슨의 캔들차트 투자기법 | 스티브 니슨
네 가지 차트 패턴(캔들차트, 카기차트, 렌코차트, 삼선전환도)을 마스터

차트로 주식 투자하는 법 | 윌리엄 D. 갠
'갠 이론'의 창시자 윌리엄 갠이 직접 수익을 냈던 주식시장, 상품시장의 매매기법

## 투자고전

심리투자 법칙 | 알렉산더 엘더
황소(매수세)와 곰(매도세)의 투자 심리에 대한 통찰이 담긴 세계적인 베스트셀러

시장의 마법사들 | 잭 슈웨거
시장에서 막대한 수익을 거둬들인 투자 거장 17명의 기법과 철학

어느 주식 투자자의 회상 | 에드윈 르페브르
전설적 투자자 제시 리버모어의 투자 일대기를 다룬 월스트리트의 영원한 고전

주식 매매하는 법 | 제시 리버모어
제시 리버모어가 자신의 투자법을 직접 정리한 높은 수익을 위한 주식 투자 교과서

거래의 신, 혼마 | 혼마 무네히사
캔들차트와 사카타 5법의 창시자인 혼마의 투자비법 《혼마비전》 국내 최초 소개

고레카와 긴조 | 고레카와 긴조
일본 주식시장의 신이라 불리는 고레카와 긴조의 투자 일생을 담은 유일한 자서전

엘리어트 파동이론 | A. J. 프로스트, 로버트 R. 프렉터 주니어
현존하는 최고의 주가예측도구 엘리어트 파동이론에 관한 가장 주목받는 역작

군중심리 | 귀스타브 르 봉
군중심리 연구의 효시가 된 책으로 투자에서 심리 분석의 토대를 제공

**역발상의 기술 | 험프리 닐**
워런 버핏의 역발상 전략의 모태가 된 험프리 닐의 저서로 국내 최초 소개

**예술로서의 투기와 삶에 관한 단상들 | 딕슨 와츠**
투기를 예술의 경지로 끌어올렸다는 평가를 받는 딕슨 와츠의 투자와 삶에 관한 단상

## 투자입문

**초보자를 위한 주가차트 보는 법 | 김정환**
베스트 애널리스트가 친절하게 설명하는 초보자를 위한 기술적 분석의 모든 것

**한눈에 재무제표 보는 법 | 토마스 아이텔슨**
기업 분석에 필요한 재무제표의 모든 것을 쉽게 설명해주는 아마존 베스트셀러

**실전 증권사관학교 X파일 | 장진영**
심리부터 기본적 분석, 기술적 분석까지 망라한 주식 초보, 고수 되기 프로젝트

**초보자를 위한 주식 투자하는 법 | 정광옥**
주식시장에서 사용되는 모든 전략을 전격 해부하고 대안을 제시한 4단계 지침서

**윌리엄 오닐의 좋은 주식 고르는 법 | 스즈키 가즈유키**
윌리엄 오닐의 성장주 발굴법 CAN SLIM을 현대 시장에 맞게 재해석한 만화 투자서

## 시장과 환경 분석

**나는 대한민국 트레이더다 | 신인식**
한국판 '시장의 마법사들', 대한민국 주식, 선물옵션시장의 톱 트레이더 10인에게 듣는 매매원칙과 투자법

**나는 대한민국 딜러다 | 신인식**
한국판 '시장의 마법사들', 대한민국 채권, 외환시장이 톱 딜러 10인에게 듣는 매매원칙과 투자관

**자원전쟁 | 시바타 아키오**
마루베니경제연구소 소장으로 이 분야 권위자인 저자의 신뢰도 높은 자원전쟁 보고서

**통찰력으로 승부하라 | 커티스 페이스**
시장과 투자자 자신을 이해함으로써 재정적인 성공을 거둘 수 있는 강력한 거래 기술

**채권왕 빌 그로스, 투자의 비밀 | 티머시 미들턴**
성공적 채권투자의 비법과 시장 전반에 대한 통찰력을 길러주는 최고의 투자지침서

**펀드스쿨 | 신주영**
세 개의 펀드계좌로 버핏의 수익률을 능가하는 최고의 펀드투자 방법

**대한민국 재테크 교과서 | 김연효**
입출금통장부터 보험, 펀드, 주식, 파생상품, 부동산 등 재테크에 관한 지식 총망라

**3W 100주 달성하기 | 고태형**
4년 연속 MDRT(백만불원탁회의)를 이룩한 저자의 보험, 재정컨설팅에 관한 노하우

**닌텐도의 비밀 | 데이비드 셰프**
가내수공업에서 세계 산업을 장악한 패자가 되기까지, 베일에 싸였던 닌텐도의 이야기

**LG 구본무, 미래 변화를 주도하라! | 김래주**
세계적 금융위기 속에서도 성장을 지속한 LG의 저력을 낱낱이 파헤친 최초의 LG 보고서

**자신만의 방식으로 투자하라 | 반 K 타프**
고수익을 목표로 자신만의 거래 시스템을 개발하기 위한 14단계 모델을 제시한 책

**초보자를 위한**
# 가치투자하는 법

초판 1쇄 발행 2013년 10월 25일

| | |
|---|---|
| 지은이 | 박춘호 |
| 펴낸이 | 이형도 |

| | |
|---|---|
| 펴낸곳 | (주)이레미디어 |
| 전 화 | 031)908-8516(편집부), 031)919-8510(주문관리) |
| 팩 스 | 031)907-8515 |
| 주 소 | 경기도 고양시 일산동구 장항동 731-1 성우사카르타워 6층 601호 |
| 홈페이지 | www.iremedia.co.kr |
| 카 페 | http://cafe.naver.com/iremi |
| 이메일 | ireme@iremedia.co.kr |
| 등 록 | 제396-2004-35호 |

| | |
|---|---|
| 편 집 | 한정아, 정은아, 정내현 |
| 디자인 | 도도디자인 |
| 마케팅 | 신기탁 |

저작권자ⓒ2013, 박춘호
저자와 출판사의 서면에 의한 허락 없이 내용의 전부 혹은 일부를 인용하거나
발췌하는 것을 금합니다.

ISBN 978-89-91998-69-8 13320

- 책값은 뒤표지에 있습니다.
- 잘못된 책은 구입하신 서점에서 교환해드립니다.

이 도서의 국립중앙도서관 출판시도서목록(CIP)은 서지정보유통지원시스템 홈페이지(http://seoji.nl.go.kr)와 국가자료공동목록시스템(http://www.nl.go.kr/kolisnet)에서 이용하실 수 있습니다(CIP제어번호: CIP2013020361).